JN439521

바람의 냄새

손미경 수필집

교음사

| 책머리에 |

치유를 위한 삶의 굴레

아직도 여행은 끝나지 않았다. 살아 있어도 사는 것이 아니었다. 내일 해가 뜨지 않았으면 하는 날도 지나갔다.

아침에 눈을 뜰 수 있음은 내게 무상으로 주어진 큰 축복이다. 매일 주어진 작은 일상 속에서 하찮은 것까지 늘 끄적거리는 습관이 있다. 마음에 차는 글이 아님에도 불구하고 보잘것없는 삶을 글로 옮겼다. 뛰어난 글솜씨는 못되지만 진솔한 하루하루 일상의 희로애락이다.

찬바람이 불어 옷깃을 여미게 하는 추운 계절이 다가왔다. 시나브로 한 잎 두 잎 떨어지는 나뭇잎에 눈길이 가고 발길이 멈춰진다. 어느새 가을이 서서히 저문다. 외로움이 들락거리는 밤에는 뒤척이다가 좋은 일이 있거나, 아픈 일이 생겨도 있는 그대로 마음을 종이에 쏟아놓는다.

나의 처지가 바람 앞의 촛불처럼 미약해도 글쓰기를 하면 위로가 되었으며 삶에 대한 애착도 내려놓게 되었다. 숨을 크게 쉬면서 글답지도 못하고 경지에 이른다는 것은 감히 언감생심이다. 그렇지만 카타르시스의 희열로 나를 비우고 죽이면 긴장된 마음이 이완되어 잔잔한 바람이 불어온다. 맘속의 온갖 한(恨)이란 찌꺼기를 많이도 퍼 올렸다. 욕심도 줄고 숨쉬기가 많이 수월해졌다. 감정에 충실하여 몸과 마음의 깊은 상처도 아물고, 밝고 따뜻한 생명의 기운이 솟는 듯하다. 내가 걸어온 험한 여정, 독자들은 어떻게 공감할 수 있을지 궁금하며 부끄럽다.

달관된 침묵으로 언어의 유희(遊戲)를 내식으로 풀어 엮었다. 혼란과 쓰라린 맘을 기도하듯이 글을 쓰면 고요히 치유가 되고 회복되는 경험을 한 것이다.

자연과 사물에 대한 나의 감성과 사랑 자유분방, 일탈을 담담하게 글을 써서 많은 위로가 되었다. 차곡차곡 쌓인 번뇌와 고달픈 삶의 굴레이다. 부끄러움 따윈 초월했을 법한 세월의 더께, 연속으로 가시밭길을 걸어온 나의 정서적인 요소들이다. 사람을 밖으로 보이는 것으로 평가하지 말며, 사람의 속을 알아주는 이가 있으면 따뜻한 눈으로 보며 외로움으로 눈물지을 때 손잡아 줄 사람 있으면 아마도 내 삶의 큰 지렛대가 되어 줄 것이다.

꽃과 함께 문학이란 예술을 두덕두덕 빚어낸 고귀한 생명꽃이다.

날마다 예쁜 꽃을 만지며 꽃 한 송이에도 예술적인 감각과 혼을 불어 넣어 작품을 만들듯이, 내 삶의 방황과 고뇌의 흔적 가운데 기쁨과 환희도 고스란히 묻어났다. 이젠 평탄한 길을 걷고 더 간절하게 소원을 빈다.

긴 여정 가운데 또다시 미운 자가 떠오르면 가지런히 두 손 모아 기도를 올릴 것이다. 묵언으로 촛불 하나 불 밝혀 행복한 꽃을 피울 테다.

사랑하는 두 아들이 있어 나의 존재가 가능한 것이었다.

아들은 내 삶의 전부이며 내가 살아야 하는 이유이다.

우리 함께 진정 행복하게 웃으면서 건강한 인생을 살자꾸나, 사랑한다 두 아들아!

전라남도 문화예술진흥기금에 애써 주신 이민호 선생님, 좋은 책 출판해 주신 교음사 강병욱 대표님께 감사드립니다.

2022. 11. 저자 손미경

손미경 수필집

▸ 차 례

▸ 책머리에

1. 바다가 그리워질 때

여름날의 뜨거운 추억 18

봄 언덕 24

시간의 깊이 29

파도 소리, 그 그리움 36

갯바위에 홀로 43

빗소리 46

바다가 그리워질 때 51

2. 발길 머문 그 곳

가을빛 바다 58

비토섬의 노을 65

해골섬 수우도 70

우도의 솔바람 75

바람의 냄새 81

발길 머문 그 곳 87

탄도 · 1 91

탄도 · 2 95

인생 필살기 99

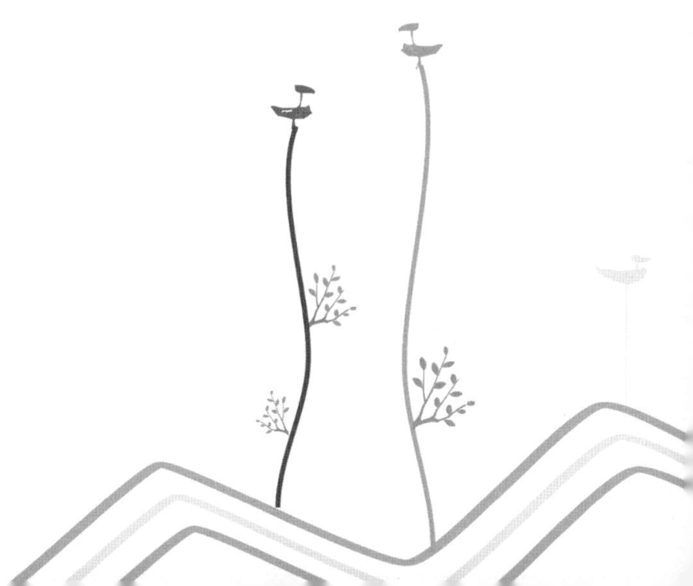

3. 봄의 언어

섬진강 물빛 106

봄 향기 귀한 맛 110

봄의 언어 114

봄의 귀로(歸路) 119

애증 관계 125

슬픈 비애(悲哀) 129

가을이 진다 137

4. 행복 플라워

일탈 142

행복 플라워 146

삶의 여정, 꽃 152

지친 이웃의 신음소리 156

바람꽃 161

봄날 165

욕망의 바다 169

한바탕 웃음 176

작은 떨림 181

눈물비 185

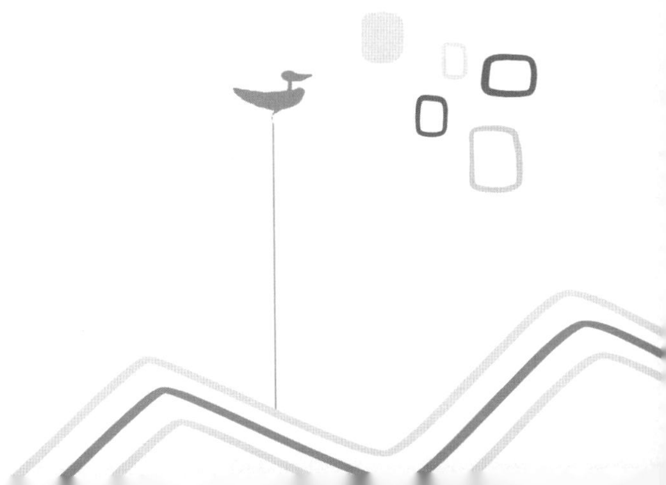

5. 내 영혼의 창

가을빛 190

숲속 바다 195

위기의 삶 200

다도해의 물빛 204

인연의 끈 209

솔밭 언덕길 214

봄바람이 살랑 218

비움 221

봄의 속삭임 226

내 영혼의 창 230

삶의 주인공 나 233

1

바다가 그리워질 때

여름날의 뜨거운 추억

섬은 온통 풀로 뒤덮여 무성하다 하여 '초도'(草島), 그곳에 새떼처럼 여기저기 흩어져 앉은 섬들이 많다 하여 '조도'(鳥島)라고 불린다. 숲이 짙게 푸르러 초록이 살풀이하듯 물결치는 곳 초도*는 행정 구역상 여수시 삼산면에 속한다. 예로부터 물이 좋고 땅이 기름지기 때문에 어디든 식물이 잘 자란다는 섬. 녹동신항에서 뱃길로 약 1시간 30분 정도면 도착한다. 쾌속선을 타고 초도를 가다 보면 풀과 수목이 빽빽이 무성하여 섬인지 육지인지 호기심 가득 눈길을 사로잡았다.

수자원이 풍부하여 풀과 나무들이 잘 자랄 수 있는 최상의 지리적 조건이 좋은 곳이란다. 무한한 잠재력이 꿈틀거리는 푸른 섬. 여수에서 서남쪽으로 약 67km 떨어져 있으며 여수와 제주 중간 지점에 위치하여 거문도에서 약 24km로 떨어져 있는 지역이다. 섬 주변으로 유인도인 장도, 원도, 무인도인 중결도, 대마도, 용도, 솔거섬, 안목섬, 말섬 등 작은 섬들을 거느리고 있는 곳.

아침 일찍 출발하여 쾌속선을 타고 초도를 향했다. 끝없는 수평선을 바라보며 많은 생각이 스쳤다. 행복해서겠지. 뱃삯은 편도 약 2만 원, 승선을 하자 쾌속선은 재빠른 속도로 달려 이윽고 초도항에 도착했다. 여수여객터미널에서 하루 2회 운항하며 녹동에서는 1회 운항을 한다.

점심에는 싱싱한 삼치와 당일 잡은 병어회 등 눈을 뗄 수 없이 잘 차려진 밥상 앞에 앉아 시원한 오이냉국 한 사발 원샷! 생선국은 칼칼하여 입맛에 딱 맞아 진수성찬의 섬밥상으로 행복했다. 무더위 탓인지 배도 부르고 숙소에 도착하자마자 다들 심해로 가라앉듯 깊은 잠에 빠졌다. 푹푹 찌는 무더위에 지쳐 이쪽

저쪽 뒹굴어 각자 낮잠을 자고 일어났다. 후텁지근하게 찌는 듯한 무더위로 산을 오른다는 것은 무리였다. 잠깐의 낮잠으로 한결 가벼워진 컨디션. 살짝 늦은 오후에 정강 해수욕장을 거쳐 섬 중앙의 상산봉(上山峰)을 오르기로 약속하고 숙소에서 더위를 피해서 조금 더 머물렀다.

이윽고 가파른 산마루를 한 걸음씩 오르자 초입부터 숨이 차고 땀이 비 오듯 했다. 풀냄새로 편안함이 좋았다. 우거진 숲을 헤쳐 헐떡대며 오르는데 숨이 목구멍까지 차올랐다. 초입부터 산중턱 내내 오르막이자 수풀까지 무성하여 애를 먹었다. 몇몇은 더위로 지쳐 손사래를 흔들며 서둘러 하산을 한다. 가파른 길에 숨은 턱까지 차오르고 비지땀이 비 오듯 쏟아지는데 불청객 산모기까지 극성부려 힘들었으며 약 1시간여 만에 상산봉에 다다랐다.

산 정상에서 사방을 둘러보니 초도의 숨겨진 비경과 대자연의 경이로움으로 생생하게 펼쳐졌다. 눈부시게 아름다움을 더해주는 그 자체로 놀라웠다. 또 언제 이런 장관을 볼 수 있을까? 상산봉에 끝까지 오른 사람에게만 주어지는 비밀스런 선물이었다. 아스라이 밀려오는 감동으로 말미암아 고단함도 잊은 채 피로감이 싹 씻겼다. 넋을 잃어 풍광에 취한 신선한 충격은 온몸을 타고 흘렀다.

대동(大洞)마을은 초도의 관문, 마을 주변을 비롯하여 아기자기한 작은 섬들 속에 거문도까지 이름 모를 다양한 섬이 시원하게 한눈에 들어왔다. 땀을 닦으며 힘겹게 오른 쾌감은 형언할 수가 없었다. 어느 섬보다도 아름다울 뿐만 아니라 그림 같았으며 황홀하기까지 했다. 그래서 섬 애호가들은 초도를 꼭 가 봐야 한다고 하는 것이었다. 예전엔 육지와 해안에서 바다 멀리 고기 잡으러 나온 어선들에게 풍랑의 피난처와 휴게소 역할을 했던 '초도'의 섬. 마을길을 따라 조금 걸으면 초도 초등학교와 중학교가 나란히 아담하다. 섬마을 학교의 아늑한 정취는 소박했으며 올망졸망 정겨웠다.

무더위에 지쳐 발걸음이 무거웠으나 콧노래를 흥얼거리며 다시금 숙소에 도착했다. 해거름녘 일행들은 청정한 해변에서 고둥을 한 바가지 주워 왔다. 삶아 빙 둘러앉아 까먹던 이색적인 시간들, 섬마을에서 키득키득 야릇한 흥분으로 즐겨본 경험 극락인 듯 착각을 했다. 그날 밤 맛있는 삼겹살을 지글지글 구워 소주잔으로 짠하고 건배를 하며 꽉 찬 분위기는 더욱 고조되어 살맛나게 휴가를 즐겼다.

배도 부르고 일행은 해변으로 우르르 몰려나갔다. 준비해 간 가방을 펼쳐 깜짝 변장을 했다. 숨겨진 광대의 진짜 기질이 꿈틀대고 있던 터였다. 여자 한복 저고리와 가발을 쓴 한 남자의 우스꽝스런 변신으로 웃음이 '빵' 터졌다. 배를 움켜쥐며 깔깔대며 떼굴떼굴 굴렀다. 하마터면 배꼽이 빠질 뻔했다.

코로나19로 웃을 일이 없었으나 이날은 우리들만의 행복한 웃음으로 여백의 풍경을 그렸던 것이다. 함께 어울렁더울렁 덩실덩실 춤을 추며 땀이 범벅 되도록 흠뻑 취해 본 뜨겁던 여름날의 밤, 살맛 나게 했다. 변장한 모습으로 그들을 울리고 웃겼던 광대, 피에로는 여름밤의 주인공이 되어 노랫가락에 맞추어 한껏 더덩실 흐드러지게 춤을 추었다. 웃음소리는 어둠을 타고 밤바다 물결 타고 흘렀다. 망가진 모습이면 또 어때, 날마다 웃고 울게 하는 살맛 나는 세상이면 정말 좋겠다.

이튿날 이른 아침 주변을 찬찬히 둘러보면서 초도 둘레길를

두 시간 정도 걸어 상쾌한 아침을 맞았다. 여행의 참맛은 여럿이 라면국물에 밥 말아 먹는 맛있는 여행이다. 전날 밤 술에 보대껴 몇 차례 게워내고 나니 속이 몹시 쓰렸다. 얼큰한 라면 해장국으로 과음으로 쓰렸던 속이 좀 편해졌다.

행복한 여운을 남긴 아름다운 '초도' 폭염을 헤쳐 뜨거운 여름날의 행복했던 추억을 잊을 수가 없다.

*초도: 전남 여수시 삼산면 초도리에 위치.

봄 언덕

흙바람에 실려 온 고향 냄새가 가슴으로 와락 스민다. 살랑살랑 쑤석거리는 바람에 흥분되어 콧방울은 벌름벌름 엉덩이는 실룩이며 나들이 가는 걸음이 가볍다. 하얀 꽃잎이 눈처럼 흩날리는 오후, 내 얼굴빛도 봄꽃처럼 화사하다. 봄날 오후 차 안은 후끈거린다. 그저 행복이 꽉 찬 전율이 인다.

한적한 시골 마을에 봄이 넘실거렸다. 봄은 참 사사스럽다. 나이가 들어감에 따라 가끔 고향이 그리워 밤

잠을 설칠 때가 있다. 봄 언덕이 생각나면서 울컥 눈가가 젖는다. 봄을 타는지 올 들어 유난히 더 견디기 힘들었다. 간절함을 누르지 못한 어린 소녀는 봄 언덕을 향해 거침없이 달려갔다. 영화같이 봄 햇살에 어린 날의 내 모습이 되살아났다. 아득한 시절 산골 소녀의 행복했던 추억이 잘게 잘게 꽃처럼 피어났다.

산골 마을 초입에 들어서자 마을 지킴이 느티나무 보호수가 아름드리 늙은 고목이 되어 장승처럼 지키고 섰다. 성황당 돌탑도 여전히 수호신처럼 변함없었다. 동네는 완전 파릇파릇 완연한 봄볕으로 눈까지 시원했다. 고향을 그리워했던 두엄 냄새가 고약했다. 갈증이 해소된 듯이 맘이 편안했다. 살갑게 챙겨 주시던 동네 어른들은 저세상 또는 요양원으로 가시고 그림자도 보이지 않았다.

봄볕에 달궈진 친정집 쪽마루에 걸터앉아 빤히 보이는 팔공산을 바라보며 오랜만에 느껴보는 편안함이 흡족했다. 온갖 그리움으로 들끓던 가슴도 고요해졌다.

농로길 따라 옛날을 그리면서 그날들의 풍경들을 하나하나 더듬어 동화 속을 걷는 듯한 기분으로 벅찼다. 솔향기 날리는 솔밭 사잇길을 걷자 수많은 추억 속 기억들이 스멀스멀 떠올라 만감이 교차했다. 농로길 양지바른 곳 차가운 봄바람에 피어난 풀꽃들이 나풀거리며 손사래를 친다. 객지에서 삶이 고단할 때 고향을 생각하면 왠지 모를 힘이 솟구쳤다. 까마득한 시절에 동무들과 솔밭에서 장수풍뎅이 말똥구리 하늘소를 잡으며 맘껏 놀았던 추억들이 생생하게 어제 일처럼 되살아났다.

솔밭길에 있던 오래된 작은 둠벙에 연꽃이 피면 예쁜 꽃을 꺾으려고 진흙 속에 빠졌던 웅덩이가 그곳에 그대로 있어서 실로 놀라웠다. 심연의 그리움으로 향수병에 걸린 허기진 나에게 화답하듯 온 마음으로 와락 고향의 품에 안기어 위안이 되었다. 비가 오면 개구리가 개굴개굴 울어대던 둠벙, 나비고무신 한가득 왕우렁이와 올챙이를 잡으며 놀았던 어린 날, 비 맞은 머리는 생쥐처럼 허리에 질끈 묶은 책 보자기가 비에 젖은 줄도 모르고 말괄량이 같이 뛰놀던 기억의 저편. 살무사 뱀을 만나 화들짝 놀라 사색이 되었던 유년의 흔적들을 잘게 더듬자 피식 웃음이 났다. 까르륵 나도 모르게 웃음보가 터졌다. 온 산과 들이 나와 우리들의 놀이터였던 고향의 봄 언덕길.

고즈넉한 동네를 이곳저곳을 두리번거리며 한 바퀴 휘돌아 의미 있는 시간이 되었다.

울창한 솔밭길 양지바른 곳, 이름 모를 양반가의 무덤도 그대로 정겹다. 오래된 고려장은 도굴꾼의 흔적인지 파헤쳐져 곳곳이 어지럽다. 세월의 흔적이 느껴졌다. 내가 서 있는 솔밭 길은 학창 시절에 비포장도로의 신작로, 완행버스 정류장이었으나 새길이 나 반듯하다. 완행버스가 출발하면 안내양이 오라이 하면 희뿌연 흙먼지가 어린 악동들을 다 뒤덮었다.

대구로 고등학교를 진학하고 나서 이듬해 서울로 상경하여 그 이후 오랜 객지 생활로 예순이 넘도록 고향마을 길을 제대로 밟아 볼 기회가 없었다.

낯선 나를 보고 어린 강아지가 꼬리를 흔들며 반긴다. 뒷집에 사는 미자 엄마는 아흔의 연세에도 홀로 계셨으며, 옆집 살던 친구는 몸이 아파 죽은 지 몇 해가 되었다니 세월이 참 야속하다. 주인 없는 빈집은 녹슬어 문이 굳게 닫혔다.

이 집 저 집 기웃거려 봤으나 옛 어른들은 다 먼 길 가시고 집도 늙었고 울도 담도 없이 덩그렇게 흉흉하다. 실로 긴 세월이 흘러 격세지감(隔世之感)이 느껴졌다. 함께 뛰놀던 동무들도 보이지 않고 속절없이 흐르는 세월을 누가 이길 수 있으랴.

냇가에 공동 우물을 길러다 먹던 샘으로 가 주위를 둘러보니 샘은 흔적조차 없고 높은 방천(防川)이 쌓아져 낯설다.

담담히 골목길 따라 또 걸었다. 돌담은 까맣게 이끼가 끼고 세월을 이기지 못한 채 곳곳이 무너졌다. 담벼락 사이에 늙은 탱자나무 꽃이 하얗게 피었다. 아이들 웃음소리로 가득했던 옛날을 떠올리며 마을 뒷산을 올려다봤다. 동심 어린 맘으로 철없이 뛰놀던 그 시절이 아름다운 동화 같다. 마음은 아직 분홍빛 청춘 같으나 고향도 늙었고 나도 같이 늙어가고 있음을 가늠하지 못했다. 세상 살다 보니 뜻대로 안 되는 것이 인생이었다. 마음이 허기져 고플 때 고향을 생각하면 위로가 되고 바람 부는 봄 언덕처럼 따뜻하다.

“나의 살던 고향은 꽃 피는 산골/ 복숭아 꽃 살구꽃 아기 진달래/ 울긋불긋 꽃 대궐 차린 동네/ 그 속에서 놀던 때가 그립습니다.” 고향을 뒤로하고 콧노래를 흥얼거리며 삶터로….

시간의 깊이

이 산 저 산 능선들에 시선을 옮겨 비탈진 산을 올라 청학동에서 마시는 따뜻한 차 한 잔에 피곤이 녹았다. 짧은 여정으로 계곡 물소리가 귓전에 맴돈다. 큰 산은 말없이 포근히 감싸줬다. 저 멀리 산봉우리를 지나 매서운 눈빛으로 지리산 능선을 다 넘었다.

아궁이에 불을 지피자 시뻘건 장작불이 타닥타닥. 매캐한 장작 향이 옷에 스몄다. 고단한 현실을 위로하면서 천금 같은 휴식이 되었다. 벌겋게 활활 타는 아궁이

앞에 쪼그리고 앉아 불멍때리던 순간, 돈 주고도 살 수 없는 천금 같은 시간에 다시금 마음을 다잡으며 더 낮아지는 아픈 겸손을 배웠다. 더 밟히고 눌리고 다져져 침묵으로 달관했다. 내면을 더 아름답게 가꾸고자 별들과 속삭이며 나이가 듦에 바라는 나의 소망이다.

산그늘도 지고 겨울 해가 산등성이로 뉘엿뉘엿 석양을 등에 업고 잰걸음으로 지리산 골짜기로 향했다.

산자락의 거친 산바람이 차창을 때린다. 아름다운 하동 호수를 지나 묵계저수지도 지나 꼬불꼬불한 산길을 조금 더 오르면 지리산자락 깊숙한 청학동 삼성궁으로 가는 이정표가 보인다. 초행길엔 찾는 길이 막막했었다. 동짓달 하루해가 짧아 어둠이 빨리 내린다. 어둠에 갇힌 산속을 홀로 가는 밤길에 가슴은 늘 조마조마 콩닥거린다. 자칫하면 어둠에 갇혀 길을 헤매어 오도 가도 못하고 어쩜 늑대밥이 돼 버릴 듯하다.

인적 드문 깊은 산중에 공기가 차갑고 바람 소리가 매섭다. 청학동 길목을 지나 800미터 고지에 위치한 쉼터를 찾아갔다. 일 년에 고작 두어 번 가는 곳. 큰 기와집 쪽 마루에 걸터앉아

이 산 저 산꼭대기 먼 골골 산등성이를 바라보면 일몰과 일출이 찬란하고 황홀하다. 천지 사방이 까만 어둠으로 지배하던 고요한 쉼의 집, 시뻘건 장작불을 지펴 데워진 온돌방 아랫목에 발을 넣고 도란도란 늦도록 이야기꽃을 피워 밤은 깊어갔다.

능선을 조금 더 오르면 청학동 도인촌이 있고 삼성궁가는 이정표가 길을 안내한다.

해그름에 까불며 놀던 누렁이는 아랫집 스님이 키우는 순한 식솔이란다. 윗집에 찾아올 때마다 고기를 줬더니 제집 드나들듯이 찾아와 놀고 간다는 털보 누렁이도 집으로 돌아갔다.

해가 지고 청학동 골짜기는 온 천지가 칠흑 같은 어둠으로 둘러싸여 고요하다. 앙상한 나뭇가지, 한눈에 봐도 엄동설한의 겨울 풍경임을 말한다.

일행 한 사람이 별 보러 가자며 손을 잡아 슬며시 밖으로 나왔다. 빌딩숲에 갇힌 도심에서는 사는 게 바빠 하늘을 올려다보기란 쉽지 않다. 청학동 밤하늘을 올려다보자 쏟아질 듯한 별들의 속삭임이 새롭다. 무수한 밤하늘 별빛이 찬란하게 반짝였다. 크고 작은 초롱초롱한 별들이 골짜기를 보석처럼 비추었다. 그날

은하수 별빛을 독식하다시피 했다. 공해가 없어서인지 별이 쏟아질 듯이 눈이 부셨다. 하늘을 찌를 듯이 빼곡히 서 있는 키 큰 나무들 사이로 별들은 더 총총하게 반짝이며 바라만 봐도 좋았다. 또 다른 세상에 펼쳐진 풍경으로 흠뻑 취해버린 날이다.

별들이 소곤거리던 밤 차가운 바람마다 않고 서성거렸다. 캄캄한 골짜기에 추위로 더 적막했다. 산짐승 소리도 들리지 않았다. 복잡했던 머릿속이 맑아져 온다. 텅 빈 마음으로 사색하다 보니 후덜덜한 한기로 옷을 껴입었다.

인적도 자동차 소음도 들리지 않은 고요한 밤, 계곡에서 졸졸졸 물소리가 산중 고요를 뒤흔들었다. 물소리는 맑은 가락으로 스며들었다. 아득한 시절에 봤던 은하수 그 별빛인 듯 생경했다. 잠시 일상을 벗어나면 이렇듯 여유가 있다. 동심으로 돌아간 듯 아름다운 별빛으로 그 밤은 심오한 분위기였다.

수십 년 그 후 오랜만에 별들을 보니 먼 과거에 와 있는 듯하다. 가장이란 삶의 올무에 묶여 허리를 펴고 밤하늘을 올려 볼 여유조차도 없었던 시간들이 흘렀다. 가늠하기 어려운 시간의 깊이, 어쩌다가 일 년에 두어 번 머리를 식히러 골 깊은 지리산으로 향했던 시간이 행복하다. 몸과 마음 쉼의 시간이 이토록 좋다. 말없이 긴 시간 홀로 운전하여 산과 계곡에 멍하니 앉았다가 되돌아오면 시끄러웠던 가슴이 삽시간에 잠잠히 식어진다. 때마다 울창한 산자락의 숲을 바라보면 절로 사색에 젖어 겨울 풍경을 눈에 담아 하산한다.

낮에 차를 타고 달리던 호젓한 그 길, 찬바람에 나뭇잎이 대롱대롱 매달렸다. 구불구불 첩첩산중 비탈진 골짜기엔 외딴집이 띄엄띄엄 드물다. 시나브로 낙엽이 다 떨어진 겨울 산, 겹겹이 능선마다 마치 수묵화처럼 고즈넉함에 흠뻑 취해 걸음을 멈췄다. 종종 올라와 소나무가 빼곡한 산책로를 걸어야 하리. 길에 떨어진 솔방울을 발로 툭툭 차며 낙엽이 수북이 쌓인 오솔길을 걷고 싶다. 이 소박함이 욕심은 아니리라.

매일의 삶이 바빠서 이런저런 생각조차 해 볼 경황도 없이 또 한 해가 갔다. 청정한 지리산 골짜기에 들어서자 알싸한 바람 탓에 콧속마저 '뻥' 시원하다.

큰 추위를 견뎌 봄이 오면 푸르게 더 푸르게 하늘로 뻗을 것이다. 풍경 따라가 길 끝에 다다르면 아름다운 보상이 기다린다.

깊은 골 산바람에 낙엽 소리가 바스락거리는 익숙한 소리, 유년의 기억으로 흡족하다. 높은 고지에서 석양을 바라보는 것만으로도 풍요롭고 선물 같다. 이 작은 충만이 다 얻은 듯 행복하다. 골짜기 전체가 마치 수묵화 병풍으로 둘러싸인 듯 진풍경에 놀라워 넋을 잃었다. 이보다 좋을 순 없다. 까만 밤 흑암이어도 내 삶이 더 가치 있게 다듬어질 수 있기를 간절히 빌어본다.

구름도 바람도 쉬어 간다는 그 골짜기에서 큰 산은 말없이 나를 포근히 안아 위로를 해 준다. 더 높은 능선에 오르자 앞이 보이지 않게 눈보라가 쳤다. 십 년 묵은 체증이 사라지는 듯한 기분 그 누가 알 수 있으랴.

아직 눈뜨지 않는 지리산의 아침, 눈을 뜨자마자 산등성이 까만 어둠이 하루를 깨우며 여명이 밝아 온다. 무거운 눈 비비고 일어나 쪽마루에 걸터앉아 주님께 아침 기도를 올린다. 멍하니 먼 산 골골이 햇빛 비치는 풍경은 감탄이다. 그 광경을 보고 있으면 절로 욕심이 내려놓아진다.

“너 잘 살아 왔어”라며 마음 안섶을 다독였다.

한적한 이 순간 느릿느릿 낯설은 방랑길이 눈부시게 좋다. 알

싸한 산바람이 나를 깨워 정신이 퍼뜩 들었다. 산바람을 폐부 깊숙이 구겨 넣고 가만가만 걷자 작은 평화가 인다. 아침 햇살로 장독대는 밤하늘의 별빛만큼 반짝반짝 예쁘다. 옛날로 돌아간 듯 언제고 돌아가고픈 고향 같은 익숙하고 정겨운 산골, 고단한 인생의 올무를 벗고 싶었다. 그 밤 고향에 온 듯이 포근히 잠들 수 있었다.

파도 소리, 그 그리움

가고 싶었던 그리운 '섬' 여행. 이야기꽃을 피우며 푸른 파도가 출렁거리는 거제도에 있는 지심도*로 야호! 나의 바람대로 바다를 향하여 마음은 들떠 차에 올랐다. 나는 한 마리 새처럼 허공을 훨훨 날고 싶었다. 문학기행을 온 것도 아니다. 모든 걸 다 내려놓고 세상으로 조심스런 발걸음을 내디뎠다.

파도 소리만 들어도 온몸에 전율이 인다. 눈앞에 끝없이 펼쳐지는 하늘과 푸른 바다와 맞닿은 '섬' 여행을 떠나고 싶은 간절함인 것이었다. 갈매기가 힘찬 날갯짓으로 끼룩 끼룩 반긴다. 하늘도 바다이고 바다도 하늘처럼 수평선이 끝없다. 배에 승선하자 하얀 물보라를 가르며 선상 위에서 느껴보는 시원한 해풍이 와락 안기던 오묘한 기분 형언할 수가 없다

뜨거운 햇살이 쏟아지는 여름 바다의 물빛은 맑고 푸르렀다. 반짝이는 풍경과 청량한 파도 소리에 가슴이 찡하고 비로소 소소한 작은 일상의 행복감을 얻은 듯했다. 한적한 섬에 뱃고동 소리가 귓가를 울린다. 선착장에 발을 딛자 아름다운 경관 앞에 환호가 절로 나온다. 거제도 속의 아름다운 부섬 중 10개의 유인도와 52개의 무인도가 있는 큰 섬 '지심도'라고 한다. 황인숙 시인의 「새는 하늘을 자유롭게 풀어놓고」의 시구가 절로 읊어졌다. 나도 섬뜩한 자유를 만끽하며 하늘을 자유롭게 날고 싶었다. 몸과 마음이 화려한 비상을 한 것이다. 바다가 주는 에너지 푸른 바다를 봐도 봐도 한없이 좋다.

인생에서 가장 소중한 날은 오늘처럼 행복한 날을 두고 하는 말이리라. 선물 같은 하루인 것이다. 비 갠 섬마을은 맑고 투명하여 그림 같았다. 짙은 녹음이 우거진 숲길과 바다, 자유를 만

끽하러 떠나온 '섬' 여행길, 내 삶이 더 멋지고 풍성해진 듯하다. 거제도에 있는 지심도를 멀리서 보면 군함의 형태를 닮았고 남해안의 높은 해식애가 아름답게 발달해 있는 곳이라 한다. 편안한 능선 지대에 마을이 형성돼 있고 땅을 개간하여 밭과 과수목도 많았다. 전역에 동백, 소나무, 유자나무, 후박나무 등 많은 수목과 식물들이 자생하여 섬 전체가 하나의 거대한 숲이다.

내도*를 가는 뱃길에 하얀 포말을 이루며 배는 시원스레 항해를 한다. 푸른 바다에서 일상의 근심마저 떨쳐 버릴 수 있는 이 하루가 얼마나 소중한지 아무도 모를 것이다.

비가 그친 섬마을은 맑고 깨끗하여 푸르름과 눈부신 풍경에 홀딱 반했다. 코로나19 탓으로 다도해의 아름다운 그 섬에 관광객은 뚝 끊기고 한산했다. 편안한 휴식의 섬, 내도와 지심도의 눈부신 푸른 바다, 동백 숲이 우거진 터널 무성한 숲길은 감탄을 자아냈다. 섬 탐방로는 수많은 식물로 빼곡하다. 섬 중간 지점에 자리한 옛날 초등학교인 분교는 아름다운 정원으로 푸르게 잘 가꾸어져 보는 이들은 흐뭇했다. 또 내 얼굴만 한 파란 수국이 크게 웃으며 반겼다. 싱그럽고 아름다운 섬 여행의 백미, 산을 오르락내리락하는 내내 발끝에 느껴지는 땅의 기운. 걷는 끝에 들이키는 신선한 공기의 달콤함을 느끼며 행복했다. 솔바람 소리, 한적한 바다의 파도 소리, 갈매기 울음 등 아름다운 자연의 효과음은 꽉 막힌 가슴팍까지 영혼의 심금을 울렸다. 숨을 헐떡이며 먼 바다를 바라보고 있는데 신선한 바람이 내 옷 속을 훑고 간다. 답답하고 불안했던 면면들을 더듬으며 새로운 전환점으로 가고자 마음을 다잡으며 걷는다.

오랜 시간의 고뇌를 떨치고 낮아진 자존감과 움츠림을 박차고 용기를 내 밖으로 향해 나온 터. 옭아매였던 속박에서 벗어나자 비로소 숨이 쉬어지는 듯했다. 등이 휠 것 같은 삶의 무게에 짓눌려 딜레마에 빠진 내 삶의 모호함. 사는 게 바빠 행복이 뭔지도 모르고 달려온 시간들, 사는 게 뭐 별거 아님을 알았다. 혼자 되뇌며 나에게 '고생했어, 잘 견디었노라 괜찮아질 거야' 토닥토닥 나를 꼭 안으며 위로를 했다. 파도 소리, 바람 소리 따라 가만가만 걷는 길에서 바람은 소곤대며 속삭였다.

섬 트레킹은 재충전의 시간으로 발걸음이 가볍다. 산자락이 완만한 비탈길을 지나서 선착장에 도착하자 탁 트인 수평선은 한 폭의 그림같이 아름다운 청정한 다도해의 푸른 바다. 온갖 잡념은 먼지 털 듯 해풍에 훌훌 날려 버리는 시간. 하여 자연 신비를 벗 삼아 이제껏 토해내지 못한 글을 써 보리라 마음을 다잡는다.

내 삶이 많이 미성숙했으나 이젠 좀 더 원숙하게 안섶을 다독인다. 선착장은 내리쬐는 햇살에 맑고 투명하다.

쪽빛 바다를 바라보며 식감 좋은 생선구이로 맛있게 허기진 배를 채웠다. 바닷가의 별미가 따로 있나 섬 밥상은 더위를 이길 만큼 맛있고 행복했다.

건조된 생선과 신선하게 잘 말려진 죽방멸치까지 1박스 사서 차에 실었다. 적당히 수분을 머금은 민어와 장어, 조기, 물 좋은 생선 먹을 생각에 군침이 돈다. 손끝 야문 섬 아낙이 꾸덕꾸덕하게 잘 말린 생선, 소박한 행복이 이 정도면 족하다.

막걸리 한잔에 알딸딸하게 취기 오른 기분 좋은 날. 아름다운 풍광이 살아 있는 다양한 다도해 섬 풍경들, 지루할 겨를도 없이 살아 있는 자체가 행복이었다. 작은 샵 안에서 감옥처럼 늘 갇혀 지내야 했던 버거운 일상들이 싫었다. 회피할 수 없어 버텨온 긴 긴 시간, 선상 위에서 무겁던 괴로움들을 바람에 훌훌 날려 버리니 살 것 같았다. 오랜만에 느껴보는 여유, 시원한 파도와 푸른 바다가 안겨 준 감동이었다.

코로나19로 인해 사회적 전반에 우울감이 팽배한 날들이 무척 싫다. 지친 심신과 심리적 육체적 피로를 떨쳐버리고자 갖은 발버둥을 친다. 유대감을 높여 바다 건너 저 너머에 꽃길 가득한 섬을 종종 여행할 계획이다.

무거운 다리가 질질 끌고 가는 처지라 해도 난 좋다. 파도 소리가 들리는 해안을 끼고 푸르른 숲의 피톤치드와 맑은 공기를 마시며 동백숲을 걷는 내내 맘껏 웃으며 여행의 참 묘미를 느껴보았다. 파도에 밀려오는 바람결이 볼을 스친다.

먼 수평선을 바라보며 충전과 활력을 증진하는 최상의 날이 되었다. 이토록 아름다운 '섬', 다음에 또 찾아오겠다며 지나가는 바람에게 전했다.

좋은 사람들과 함께 한 섬마을 여행은 외로움도 덜고 큰 위안이 되었다. 가슴이 뻥 뚫린 이 기분, 섬섬옥수 트레킹은 긴 머릿결을 날리며 남모르게 아팠던 치유의 여정이 되었다. 섬마을의 여운은 작은 떨림으로 바람에 나부낀다. 잠시 머물다 떠나가는 나그네이지만 오랫동안 잊지 못할 아름다운 추억으로 간직할 기억이다. 기억의 늪으로 빨려들면서 나의 인생도 노을 지듯 서산에 걸렸다.

짙푸른 초록, 시원한 바닷바람, 눈부신 하늘, 자연이 주는 선물을 가득 받은 행운의 주말여행. 낯섦과 설렘, 섬마을 여정 길로 가벼워진 마음 위로를 얻어 힐링이 되었다.

*지심도: 경남 거제시 일운면 옥림리에 위치.

*내도: 경남 거제시 일운면 와현리에 위치.

갯바위에 홀로

집으로 돌아오는 어둑한 해질녘.

소주 한 잔에다 내 마음을 털어놓고야 말았다.

어느 봄날에… 갯벌에 기대 살아가는 어촌마을, 늙은 어부는 한 잔 술에 갈지자로 갈팡질팡 겨우 발걸음을 옮긴다. 노인은 벌겋게 취해 횡설수설 생사가 넘나드는 어부의 애환인 듯했다.

사는 것도 가지가지로다. 나도 덩달아 객혈하듯 바다를 향해 처절하게 소리를 질러댔다. 밀물은 바람을 몰고 오면서 순식간에 펄 물이 쏴아 밀려왔다.

물이 들면서 비릿한 갯내가 스멀스멀 바람에 실려 온다.

파도가 가만가만 리듬을 타고 가까이서 들린다.

봄 바다는 어느새 갯바위까지 물이 찰랑인다. 오롯한 나만의 시간, 갯벌의 풍요를 안겨주는 독살(그물)에 고기가 한가득이다. 봄 바다 향이 입안 가득하다.

물결치는 음률은 맘을 어루만지며 자기 색으로 노래를 하고, 수평선 끝에서는 순식간에 어둠이 내려앉는다.

봄 바다의 파도는 선율 되어 출렁인다. 아직 살 만하고 인생은 행복하다며 바다의 낭만이 해조음처럼 읊조린다.

아낌없이 내어주는 갯벌에서 허리 한 번 펼 시간도 없이 갯벌에 기대어 사는 어민들의 애환이 고스란히 전해졌다.

햇살이 눈부신 계절의 여왕 오월 볕 좋은 날 머리가 맑아 몸은 종이처럼 가볍다. 기분도 좋고 콧노래를 부르며 부르릉 지친 몸 실어 바람을 가르고 신나게 달렸다.

따사로운 볕이 내리쬐는 들판에 바람에 물결치는 초록빛은 눈이 부시도록 싱그럽다. 하늘도 파랗다. 구름 한 점 없는 맑은 오월의 하늘. 설렘 가득히 가슴을 열어젖혀 싱싱 달렸다. 인적 드문 길로 따라간 그 바닷가. 또 그곳을 찾아갔다. 갯바람이 시원하게 부는 선물 같은 날 작은 포구를 찾아갔다.

무거운 침묵을 깨고 행복한 순간이다. 해안을 왔다 갔다 밀려오는 해조음이 감미롭다.

바람을 가르고 해지는 바닷가 갯바위에 앉아 멀리 수평선을 바라봤다. 붉게 스멀스멀 바다의 속살을 비치는 금빛노을의 황홀한 일몰. 구불구불 너른 갯벌은 어민들의 고단한 삶의 일상을 말갛게 엿볼 수 있다. 수평선을 바라보며 진한 갯냄새와 노을빛, 저 너머에 파란 바다와 아름다운 어촌의 풍경이 그려진다.

무너진 돌담에 기대어 숨 쉬는 땅 고요한 풍경 어민들의 풍요를 함께 느껴본다. 짭조름한 바다 향, 작은 마을에서 자박자박 걸어 생각에 잠겼다. 시간이 멈춰 버린 듯이 걸음을 붙잡는다. 포구는 한가롭다. 깊은 숨을 들이켜자 바다향이 몸 안으로 가득 스민다. 바다를 품고 삶의 터전으로 향하여….

빗소리

한여름 장맛비가 연이어 오락가락하는 날들이 이어진다. 낮부터 그칠 줄 모르고 거세게 폭우가 퍼붓는다. 긴 장마로 인해 내 마음 안섶 곳곳이 곰팡이가 핀 듯 눅눅하여 찝찝하다. 긴 장마 탓에 투명한 햇빛이 그리워진다. 햇살 비추면 일상의 것을 훌훌 털어 눅눅한 마음마저 고실고실하게 말려야겠다.

간밤에 비는 쉼 없이 내렸고 바람까지 많이 불었다. 두둑 투두둑 내리는 빗소리, 밤이 새도록 그칠 줄 모르고 쏟아부었다. 저녁 내내 몸을 때리는 듯한 빗소리 때문에 잠을 설쳤다. 눈을 감으면 유난히 크게 들리면서 잠든 나의 영혼을 일깨웠다.

눅눅히 젖은 마음은 좋은 음악으로 안온하게 가슴을 데우고, 몸은 따뜻한 커피로 녹여야겠다. 빗소리를 배경으로 안개 낀 풍경은 복잡한 생각을 비워낸다. 적막한 밤 창밖은 여전히 어둠이 더욱 짙다.

후드득후드득 지글지글 빗소리가 커졌다가 작아졌다 하면서 그칠 기미가 보이지 않는다. 오늘처럼 비가 오는 날엔 빗소리에 위안을 얻는다. 빗방울 선율에 마음마저 흠뻑 젖는다. 한줄기 지나가는 소나기에도 내 감성이 짙어진다. 빗줄기가 굵어지면서 하늘이 더 시커멓게 천둥 번개가 치고 어두워져 더욱더 세차게 내리치자 빗소리에 답답한 가슴이 펑 뚫리듯 시원해진다. 오늘이 바로 그런 날, 긴 빗줄기에 질척거리긴 하지만 빗소리가 감미롭게 심금을 울린다.

어둠을 타고 비가 주룩주룩 더욱더 세차게 창문을 때리자 내 마음조차 뒤흔들어 댄다. 늦은 밤 실로 오랜만에 빗속을 걷고 싶었다. 비는 점점 무섭게 때리면서 창을 두들겼다. 익숙한 몸짓으로 인적 없는 밤에 우산을 쓰고 뜰에 나오자 어느새 빗물이 발목까지 차올랐다.

부슬부슬 비가 오는 유년 시절, 작은 연못가에 큰 연잎을 꺾어 우산 대신 고깔을 뒤집어쓰고 빗물은 연잎 위로 또르르 옥구슬처럼 굴렀다. 질퍽한 농로로 움푹 팬 곳 흙탕물을 튕기면서 깜장 고무신 속 양발은 질척하게 다 젖은 채 종종걸음으로 요리조리 바삐 뛰어다녔다. 허리에 질끈 동여맨 책보자기는 비에 다 젖어, 머리는 비 맞은 생쥐처럼 하고서 철없이 학교를 오가던 맑고 순수했던 아이 적 추억이 문득 생각나 눈물이 핑 돌았다. 어린 날 동심 어린 추억을 생생하게 간직한 채 벌써 흰 머리만 늘어난다. 이 나이 먹도록 그리고 싶을 만큼 동심이 각인되어 잊히지 않는다. 꽃신처럼 예쁜 추억이 새록새록 하다.

사랑했던 이의 손을 잡고 다정스럽게 걷던 지난날을 추억하면서 혼자 빗속을 걸었다. 밤길에 혼자라는 이유로 등골이 오싹해왔다. 검은 우산을 쓰고 그칠 줄 모르고 쏟아지는 빗속을 신발이며 바지까지 다 적시며 빗소리가 좋아 어두운 밤거리를 걸어 사색에 잠겼다.

어린 시절 한옥 툇마루에 걸터앉아 듣던 처마 끝 낙숫물 소리가 가슴에서 들려오는 듯했다. 비가 오는 거리를 사색하며 싸목싸목 걷자 위안이 된 듯 맘이 고요해졌다.

어젯밤 베란다 창문을 열고서 창밖의 빗소리가 텅 빈 집안에 가득 찼다. 빗물이 얼굴에 들이쳐 흩뿌려도 달랑 홑이불 하나 덮고서 빗소리에 흠뻑 취해 잠을 청했다. 그 감미로운 소리에 젖어 밤새워 뒤척이다가 조금 무뎌져 스르르 잠이 들고 말았다. 차가운 맨바닥에 후들후들 떨면서 부스스 아침을 맞았다.

세찬 빗소리는 마음을 시원하게 적셨다. 비를 맞아 초록초록한 나무들처럼 가슴이 왜 그리 시원한지, 나만 느끼는 낭만인지 선물 같은 느낌이다.

이튿날 찻집에서 온종일 쏟아지는 장맛비에 몸을 피했다가 우산을 펼쳐 들었다. 이젠 시나브로 조금씩 내리면 좋으련만 불쾌지수가 점점 높아졌다.

비에 젖은 어깨가 축축하여 꿉꿉하다. 비를 맞아서인지 내 어깨가 힘없이 늘어져 무겁게 느껴진다. 오늘처럼 비 오는 날이면 잔잔한 음악을 들으면 더욱 센티해지기도 한다. 그러나 이 비가 그치면 언제 그랬냐는 듯 해맑은 얼굴 쳐들고 웃음 지을 것이다.

음악이 흐르는 후미진 찻집에서 나만 느낄 수 있는 비 오는 날의 화룡점정을 찍는다. 습하고 궂은 날씨 탓인가 사방이 어둑어둑하다. 창밖에 핀 봉숭아꽃이 오늘따라 더욱 빨갛고 예쁘다. 이 하루를 찻집에서 넋 놓기 딱 맞다. 비에 흠뻑 젖어 버리고 싶은 이 하루. 우산을 접은 채 쓸쓸히 젖은 창밖을 하염없이 바라본다. 세상 살면서 어려움과 고통, 외로움과 고독이 동반될 때가 헤아릴 수 없을 만큼 많았다. 저 높은 곳에서 떨어지는 이 빗방울 수만큼 고통을 말하는 것처럼 느껴진다. 고단한 이 세상 혼자보다는 둘이 서로 기대어 두 손 꼭 잡고 갈 수 있다면 행복할 터. 주위 사람들과 때로는 나와 신적인 대상에 이르기까지. 마음은 안정되나 음률은 가사가 없어 힘겨울 때 그 누군가와 함께 하는 동질감, 그래서 비 오는 날 조용히 음악에 취하면 빗소리는 악상이 되고 아름답고 행복한 선율이 되어 빈 가슴을 적신다.

바다가 그리워질 때

떠나고 싶은 마음은 늘 간절하다. 기대와 설렘은 바다가 그리운 탓이다. 무작정 떠나는 여행이 그리 쉽지 않으므로 '섬'은 늘 호기심과 그리움의 대상이다. 발길이 닿으면 시야가 넓어지는, 높은 하늘 아래로 푸르게 펼쳐진 '섬'. 익숙한 풍경 같아 보고 또 봐도 싫지도 않으며 질리지도 않는다.

선착장에서 마을을 가로질러 산 능선을 따라 걸었다. 마치 태극선처럼 완만하게 올라가다 부드럽게 내려오는 길이다. 깃대봉 아래로 드넓게 펼쳐진 마을들과 하얀 뭉게구름이 마음을 사로잡는다. 삼각산에서 바라본 다도해의 아름다운 섬, 마을 앞바다를 보며 마음의 여유와 인생의 즐거움을 수확하는 시간이다.

갯바람 불어대는 그곳 '호국의 섬' 손죽도,* 선물같이 주어진 시간 속에서 맘껏 웃었다. 항구에 다다르면 다른 세상에 온 듯 걸음마다 소풍이다. 섬에 가는 날 아침은 엉덩이부터 들썩이며 몸과 마음 바다까지 온통 푸르게 물들인다.

좋은 사람들과 다니는 섬 여행은 나에게 인생의 답을 찾게 해 주었던 시간이다. 인생의 새로운 전환점이 되어 발길이 닿는 곳곳에서 여유와 즐거움을 수확한다. 시야가 탁 트인 잔잔한 수평선, 섬들은 올망졸망 바람은 신선하고 물빛은 사금파리처럼 반짝인다. 섬, 애정이 남달라 바다가 시시때때로 그리워진다. 저마다 사는 건 다 거기서 거기인 듯하다.

삶의 여유가 없어 아등바등 살아왔으나 섬으로 떠나는 날은 아픈 몸도 이겨 발걸음도 상쾌하다. 출발하기도 전 술렁이는 갯바람이 가슴팍으로 먼저 찾아든다. 자연이 내어주는 풍요와 신비로움은 가는 곳곳마다 느낌이 달라 기대된다. 섬 여행은 내 인생을 덮친 수많은 아픔, 그 쓰라림을 마다않은 채 바다는 늘 달래주었다.

한 주 내내 수고한 끝에 얻은 값진 자유가 너무 소중하다. 여행의 백미를 경험해보지 않고서는 알 수 없을 것이다. 회색빛 도심에서 얻을 수 없는 충만함으로 목젖이 보이도록 크게 실컷 웃는다.

'손죽도'는 Y 자 모양으로 이루어진 마을의 중심부에 자리 잡고 있다. 양쪽 날개 모양으로 펼쳐진 산책로를 따라 바다가 잘 보이는 들머리에 올라앉은 정자에서 땀을 닦는다. 소거문도를 바라보는데 놀라운 풍경이 눈길을 사로잡는다. 마을은 아담하고 고요한 섬이지만 일몰의 야영 장소로 인기가 많다. 정겨움이 묻어나는 아늑한 '섬'. 산이 높지 않고 완만하여 경사진 곳도 없어 걷는 코스로 으뜸이었다.

사방 수평선 사이로 오밀조밀한 섬들이 극치를 이룬다. 걷는 내내 조망이 좋아 지루할 틈조차 없었다. 깃대봉까지 242미터로 비교적 완만하다. 6월의 푸른 숲 오솔길에 손만 뻗으면 따 먹을 수 있는 빨간 산딸기가 지천이었다. 발길을 멈춰 딸기 따 먹는 재미까지 더했다. 깃대봉과 삼각산 정상에서 바라본 손죽도 마을은 주변 풍경이 투명하여 그림이다. 하산하는 길, 키 큰 신우대가 시원하게 숲길을 드리워 한결 수월했다. 손죽 해변, 빨간 민박집에서 한 상 푸짐하게 밥까지 먹고 보니 대접받은 기분 좋은 날. 때때로 이렇게 살 수 있다면 참 좋겠지.

섬 전체를 도는 시간은 약 네 시간, 둘레길이 잘 정비되어 있는 정겨운 돌담길 기왓장을 타고 늘어진 담쟁이를 따라 걸었다. 돌담에 기대어 인증샷도 찰칵, 여행의 재미가 더했다.

걸음마다 꽃들이 반기던 돌담길, 임진왜란 때 녹도만호 이대원 장군의 희생을 오래 간직한 곳. '손죽도'는 이대원(李大源) 만호가 전사한 곳, 큰 인물을 잃어 큰 손해를 보았다 하여 손대도(損大島)로 불리다가 1914년 손죽도라 개칭했다. 다도해의 손색없는 조용한 바닷가, 파도가 사르르 밀려와 아름다운 풍경으로 여행을 갈무리하게 한다.

또다시 바다가 그리워질 때 꺼내 추억할 것이다.

함께 어울렁더울렁 살고 싶을 만큼 왁자지껄한 바닷가 사람들의 질박한 사투리와 마치 호수처럼 느껴지는 바닷가, 그 섬은 오늘에 남겨진 여운이다.

*손죽도: 전남 여수시 삼삼면 손죽리에 위치.

2

발길 머문 그 곳

가을빛 바다

신발을 벗어 들고 지나간 파도 자국을 따라 백사장을 걸었다. 발바닥에 촉촉이 물 묻은 모래알의 감촉은 옛일들을 추억하며 즐겼다. 오순도순 가족들과 함께 거닐었던 지나간 시간을 떠올리자 나도 모르게 가슴이 찡해졌다. 모래알이 발가락을 간질이며 촉촉이 소곤소곤 얘기하는 듯했다. 무어라 하는지 바다의 언어로 속삭였다. 여름날 수많은 사람들이 흘리고 간 사연들을 기억이라도 하듯, 걸음걸음마다 내 마음을 간질인다.

부서지는 가을 햇살의 반짝임이 내 얼굴을 빤히 비치면서 사색하게 했다.

여름날의 뜨겁고 답답한 물빛과는 달리 가을 바다 물빛은 푸름과 투명함으로 나도 모르게 의연해졌다. 파도가 사르르 밀려왔다가 밀려간다. 하얀 백사장엔 가슴속 묻어둔 고귀한 추억처럼 부서진 조개껍질이 햇살에 반짝거린다. 딱히 무어라 말할 순 없지만 먼 그리움을 바다는 알고 있는 듯했다. 나는 모래를 만지작거리며 까르르 아이처럼 좋아했다. 파도가 밀려올 때마다 생생한 그리움들이 밀려왔다. 나도 모래 위 갈매기들처럼 발자국을 남기며 놀았다.

파란 하늘이 눈부신 날 일상을 잠시 접고 숨 돌리며 하늘 사색은 쉼의 시간. 수평선 저 너머 창공 너머의 세계 또한 여전히 궁금하다.

갈매기들처럼 바다와 푸른 하늘을 날갯짓하며 자유롭게 날아오르고 싶다. 허공을 향하여 소리 질러도 봤으나 메아리만 들려올 뿐이다. 답답한 가슴 해풍에 꾸덕꾸덕 말려 섬세한 가닥들을 모아 글 꾸러미를 예쁘게 엮어야겠다.

허공을 향해 힘찬 날갯짓하는 갈매기를 보자 작은 떨림이 인다. 새들도 그들의 언어로 함성을 지르며 가을을 노래한다.

내 맘속의 가을 하늘은 언제나 파란 희망이며 꿈으로 안겨왔다.

파란색은 고귀하며 엄숙함을 말해준다. 어지럽고 온통 머릿속이 안개 속 같을 때 습관처럼 종종 하늘을 올려다본다. 삶이 팍팍하고 생각이 깊어질 때는 습관처럼 바다를 찾으며 바람결에서 위로와 삶의 지혜를 얻는다.

바람이 스치고 지나간 철 지난 바닷가를 쓸쓸하게 천천히 걸으며 여유로움이 찾아든다.

송림 아래 돌 틈에서 발견한 보랏빛 쑥부쟁이꽃, 참 예쁘다. 뜨거운 여름 지내고 그리움이 되어 보랏빛 쑥부쟁이가 피었다. 바람과 파도와 햇살에 더 아름다운 빛으로 섰다. 찻집에서 창밖으로 보이는 잔잔한 바다는 눈부시도록 파랗다.

부둣가에 작은 어선들은 풍랑을 피해 다닥다닥 납작하게 엎드렸다. 밀려오는 파도에 눈을 떴다 감았다 하며 바람이 허공을 휙 스치고 지나간다.

땅끝 전망대의 그 길, 차창 밖으로 노을 진 석양빛은 너무 황홀했다. 무엇 하나 놓칠 수 없어 두둑이 가슴으로 담았다.

나이가 들었는지 열정도 식고 몸도 시들시들 우울감이 들락날락거리고 있던 터, 우연히 섬과 바다를 여행하고 돌아오면 비를 맞아 싱싱해진 풀잎처럼 생기가 돈는다. 잃어버린 웃음을 다시금 되찾았다. 아무도 나에게 행복을 거저 가져다주지 않는다. 행복은 거저 얻어지는 것이 아니라 노력하면 찾아졌다. 매주 섬과 산, 바다를 여행하고 나자 얼굴에 근심이 싹 사라졌다. 마치 산중 오솔길에 핀 구절초처럼 하얗게 웃음 짓는다. 행복은 먼 곳에 있는 것이 아니라 곁에 있었다.

해남 땅끝 마을은 예전보다 많이 변해 곳곳에 위락시설이 들어섰다. 조망이 좋은 곳은 어딜 가든 커피숍이, 창 너머로 바다가 그림처럼 아름답다. 한반도 최남단으로 북의 34도 17분 21초의 해남 송지면 갈두산 사자봉 맨 끝. 전망대는 국토의 최남단 땅끝, 한반도의 기를 받는 희망봉이 돼 있다고 한다. 남해바다를 가슴에 품고 일출과 일몰을 모두 볼 수 있으며 날이 맑은 날은 제주 한라산까지 보이는 곳이란다. 우리나라 전도(全圖) 남쪽 기점을 이곳 땅끝 해남현에 잡고 북으로는 함경북도 은성부에 이른다고 말하고 있다. 또한 육당 최남선의 『조선상식문답』에서는 해남 땅끝에서 서울까지 천 리, 서울에서 함경북도 온성까지를 2천 리로 잡아 우리나라를 3천 리 금수강산 한반도 땅 끝점이라고 한다. 오래전 대륙으로부터 뻗어 내려온 우리 민족이 이곳에서 발을 멈추고 한겨레를 이루니 역사 이래 '이곳은 동아시아 3국 문화의 이동로이자 해양문화의 요충지'라는 땅끝의 유래.

모래가 고운 해남 송호리 바닷가와 도로 사이에 맞닿은 약 639여 그루 해송으로 아름드리 시원한 그늘을 드리워, 울창한 송림 풍경이 아름답다. 바닷바람을 막아 주는 방풍림으로 물놀이와 야영을 하며 휴양할 수 있는 경치가 최고의 자랑거리 같았다.

낭만과 쉼이 있는 철 지난 쓸쓸함이 밀려오는 바닷가의 숲. 인적은 없고 크게 쌓아둔 모래성은 쓸쓸히 바람을 맞는다. 아이들이 좋아하는 친근한 캐릭터로 멋지게 조각된 모래성은 조금씩 무너져가고 있어 스산함마저 감돌았다.

가녀린 몸으로 찬바람에 코스모스와 억새가 손짓하던 날 철 지난 바닷가에 이르렀다. 9월의 파란 하늘이 눈부신 오후 어느 젊은 여인 홀로 텐트 하나 달랑 눈에 띄었다.

백사장 길이가 무려 2km 수심이 얕고 경사가 완만해 물결이 잔잔하여 마음까지 고요해졌다. 서늘한 텅 빈 백사장을 천천히 걸었다. 찰싹이는 파도 소리는 청량했다. 햇살과 푸른 바람을 맞으며 들려오는 파도 소리는 마음의 여유가 찾아들었다. 바닷물이 빠져 저 멀리 수평선까지 아름다움이 반짝이며 멋진 풍경은 시선으로 사로잡힌다. 솔밭 주변은 파라솔이 즐비했으나 코로나가 주고 간 상처는 생각보다 범위가 넓었다. 파란 하늘과 맞닿은 물빛도 더욱 깊어지는 가을날 오후, 해변은 솔바람이 불어와 쓸쓸함이 더 진했다.

송지해변 송호리해수욕장 관광지의 변모는 예전보다 더욱 깔끔하여 좋았다. 푸른 바다가 내려다보이는 산자락 길, 넓은 백사장을 한눈에 조망할 수 있는 행운도 주어졌다. 역사와 문화의 향기가 깃든 자연 친화적인 숲길도 잘 조성되어 산책하기에 안성맞춤이다. 하늘은 맑고 투명하여 새하얀 구름이 둥둥, 바다에 드리워져 물빛은 더 맑고 푸르다. 손을 담그면 시릴 듯이 더 푸르렀다. 시원하게 뻗은 바다와 파란 하늘은 막힌 가슴이 뻥 뚫리는 듯했다. 물빛도 푸르고 살아 있는 자연의 움직

임까지 신비롭고 드라마틱하다.

낭만을 즐기기에 적합했다. 누구든 그 광경 앞에 서면 감탄이 절로 나온다. 자연은 신이 우리에게 내린 고귀한 선물이다. 곳곳에 무시무시한 코로나 예방수칙은 땅끝 마을에도 예외는 없다. 청정지역이라지만 마음 놓고 다닐 수가 없었다.

소나무가 울창하며 고향에 온 것처럼 푸근하고 편안한 여행을 즐기며 마음의 때를 벗을 수 있었다. 차갑게 스치는 바닷바람이 쓸쓸했으나 낭만을 즐기기엔 가을이 좋은 듯했다.

비토섬의 노을

가슴속 저마다의 이미지로 아로새겨 바다와 산으로 둘러싸인 항구는 언제나 마음까지 차분하게 가라앉힌다. 나는 바다와 섬을 미치도록 연모(戀慕)한다. 낮은 숲길로 싸목싸목 걸어가면 햇살 머금은 그 해안길이 너무 아름답다. 쌓인 피로가 한순간 해풍으로 싹 사라진다.

삶의 굴레는 왜 창살 없는 교도소같이 느껴지는지. 세상이란 전쟁터에서 맨몸으로 부대끼는 고단한 인생길에서 오늘처럼 바닷가 선착장을 배회할 수 있는 행운이 찾아와 감사할 따름이다. 설빙으로 뒤덮인 절벽만큼이나 절망스러울 때도 수차례, 그 절벽은 세상 밑바닥으로 추락하는 시발점이라 해야겠다. 갖갖의 파란 끝에 이만큼의 사연 안고 홀로 은둔해야 했던 시간들은 헛되지 않았다. 먼길을 뒤돌아보니 삼천포항 바닷가의 쓸쓸한 바람으로 남았다.

바다와 도로의 경계를 알려주는 돌담길 나지막이 알록달록 무지개색 해안길이 화려하다. 운전하다가 바다로 추락하는 일은 없을 것 같은 지자체의 굿 아이디어, 무지갯빛 벽돌 가드 라인, 잊히지 않는다. 비토섬* 하면 무지개로 각인됐다. 순간순간 인생샷을 남기기에 여념이 없었다.

부둣가 회 센터에 앉아 숭어회 몇 점을 안주 삼아 소주잔을 기울였다. 석양에 비치는 노을빛이 얼마나 황홀한지 몸과 맘도 붉게 물든다. 붉은 그리움 몇 자락이 삽시간에 스민다. 파도가 일렁대는 바닷바람을 껴안고 풍류를 즐기기에 충분했다. 황홀한 노을을 보고 있는데 요동치던 마음도 이내 고요해졌다. 집에 돌아왔으나 비토섬의 황홀한 일몰 노을빛 바닷가가 뇌리에서 잊히지 않는다. 넓은 갯벌을 붉게 물들이는 아름다운 노을빛 겨울 낭만으로 온 마음 물들였다. 겨울 바다의 우유, 비토섬 굴, 굴 까던 섬마을 할매들의 손놀림이 예사롭지 않았다. 수건으로 꽁꽁 싸맨 얼굴 모습, 굴을 까서 파는 바닷가의 굴 까던 좌판대 또 다른 볼거리로 남았다. 가는 지역마다 노을 풍경이 다 다르다. 노을빛을 바라보면 한없는 위로를 얻는다.

날 비(飛), 토끼 토(兎). 토끼가 나는 형태처럼 생긴 토끼섬에 조성된 용궁 바다 토끼 거북이 등 갯벌 별주부전 테마파크부터 실안 무지개도로 등 여럿이 함께 걸으며 좋은 여행지로 남해 사천은 볼거리가 많다. 거북이섬 일대를 걸어 섬을 휘돌아 나오는 길, 농장 울타리 안 까만 눈, 빨간 눈 긴 귀를 쫑긋 세운 여러 종류의 토끼 무리들이 귀여웠다. 하얀 새끼토끼 여러 마리가 땅굴을 들락날락 깡총거리는 토끼 울타리까지 눈 호강했다.

밀물과 썰물 때 하루 두 번 열리는 월등도와 토끼섬에서 S방송 섬 기행 제작진을 만난 행운도 우연하다. 매주 섬 기행을 하던 우리는 각본 없이 S방송 TV에 출연하는 행운까지 얻어 전국으로 방영된 기록, 재미있고 뜻깊은 추억의 한 페이지를 남겼다. 바람 부는 해안을 걸으며 멋진 풍광에 취해 콧노래로 흥얼댔다.

바닷가에서 방금 깐 싱싱하고 향긋한 생굴 맛, 입안 가득 바다향으로 최고였다. 아연과 구리 셀레늄 등이 풍부한 바다의 우유이자 최고의 스태미나 식자재로 굴 라면을 호호 불며 게 눈 감추듯 해치웠다. 삼천포 항구 주변은 가족들과 여행을 즐겨 하던 아련한 그리움이 남아있는 곳이다.

삼천포시장 안으로 들어가자 팔딱거리는 싱싱한 수산물들이 즐비하다. 그중 겨울에 잡히는 대구와 물텀벙이 효자생선이라며 시끌벅적 난리들이었다.

탁 트인 항구에 서서 검푸르게 잔잔한 수평선을 보는데 평화가 밀려왔다. 외로움이 들락거릴 때 나는 넓은 바다를 한없이 바라보며 외로움과 고뇌의 처방약이 돼 주었다.

늘 바쁜 삶 가운데 곳곳에 있는 푸른 물빛 섬 여행을 하는 것이 근래 가장 큰 행복이다. 해안의 온갖 아름다운 풍경들을 사모하며 찬바람도 마다하지 않는다. 고갯길에서도 탄성을 멈출 수 없는 황홀함은 고단한 오감을 한꺼번에 씻어낸다. 돌아오는 길 좌우로 색 고운 무지갯빛, 넉넉한 풍경들, 통영의 바람 소리까지 그저 좋았다. 여인들의 웃음은 여전히 귓가를 맴돈다. 그 바닷가 둥지 횟집을 또다시 찾아갈 예감이 든다.

만약 눈 내리는 여행길이라면 더욱 흡족할 것 같았다.

남도는 섬 어디를 가 봐도 아름다운 풍경으로 발걸음이 헛되지 않으며 행복지수 최고다. 남해의 수려한 풍경들을 보러 여행길에 오르면 행복이 별것이 아님을 느낀다. 해질녘 노을빛으로 펼쳐진 황홀한 갯벌은 두고두고 곱씹어 사색하기에 충분하다. 잊을 수가 없다. 그래서 자꾸만 끄적이며 살게 된다.

내가 산 흔적일랑 한 줄의 글이라도 남겨두고 가야지 하는 생각이다. 바람처럼 왔다가 이슬처럼 갈 수 없는 것이 인생사라 옛 선인들은 말씀하셨다.

최근 들어 바닷길 트레킹 여행을 즐기는 나는 문학인의 흔적을 찾는 길이 아니다. 내적 치유가 필요하여 많은 시간을 들여 걷고 또 걷다 보니 잃었던 웃음을 되찾게 된 값진 수많은 날들.

한 줄기 연기처럼 사라져도 빛나는 불꽃처럼 타오를 수 있다면 얼마나 좋을까?

*비토섬: 경남 사천시 서포면 비토리 위치한 아름다운 월등도 토끼섬.
거북이섬도 그 안에 속함.

해골섬 수우도

수우도* 섬 전체는 매우 웅장한 규모로써 위용을 드러내는 아름다운 섬.

깨알 웃음을 달고 신나게 도착했으나, 우리가 가고자 하는 곳은 무시무시한 '해골바위산', 걷고 땀 흘려 몸은 지쳐 수우도의 섬 여행은 악몽이 되었다. 고생한 나머지 두 번은 가고 싶지 않은 아찔한 곳.

자연이 빚어 놓은 신비의 섬 수우도 암벽해안과 은박산의 아름다운 동백섬, 경남 통영 사량면 돈지리에 속한 섬, 한려수도와 남해를 잇는 수로의 요충지로 주위에는 윗섬, 아랫섬, 사량도가 있다. 섬의 형태가 소와 비슷하고 나무가 많다 하여 수우도라 칭하는 곳이다. 최고 지점은 섬의 중앙부로 해발 198미터이나 남쪽 사면은 급경사이었다. 북쪽 사면은 비교적 완만한 경사를 이룬다. 그곳 주민들은 대부분 어업에 종사하고 산다. 볼락, 멸치, 낙지, 장어, 해삼, 전복, 홍합 등이 많이 잡히고 멍게, 굴, 미역 등을 많이 양식하는 곳이라 한다.

우린 수우도를 가기 위해 삼천포항에서 정기여객선을 타고 출발했다. 5월 말 싱그러운 초록은 햇살에 반짝반짝 눈부셨다. 등 뒤로 있는 섬은 두미도. 수우도의 명물인 해골바위를 가고자 오르던 길에 바다 위 떠 있는 바위섬이 거북이 형상과 꼭 닮았다. 수우도는 은박산, 고래바위, 신선봉, 해골바위, 매섬동백군락지 등 볼거리가 많은 신비한 곳이다. 햇살도 좋고 다도해의 파란 바다가 끝없다. 섬이 다 그렇고 그런 풍경 같아도 가는 곳곳마다 비경이 숨어 있어 볼거리가 새롭다.

햇살과 바람 구름도 흘러가는 숲길에서 멋진 바다 풍경과 조망을 즐겼다. 금강봉(백두봉)은 바라만 봐도 천길 낭떠러지로 무시무시하다. 산을 오르다가 산중턱 그늘에 앉아서 준비해 간 도시락으로 허기진 배를 채웠다. 점심을 먹고 쉼 없이 걷고 또 걸었으나 하루 일정 코스로는 무리였다.

신록이 예쁜 5월의 끝자락 날은 무덥고 섬산을 오르는 길은 생각보다 만만찮았다. 가다가 산 중턱에서 쪽빛 바다 위에 꼭 고래처럼 생긴 섬이 두세 군데 있다. 그럴 때면 신비로운 자연의 경이로움을 금치 못한다. 바다 내음은 가슴으로 스며들고 감탄이 절로 난다. 그 고래바위를 볼 때까지, 풍광이 더 좋은 곳으로 갈 것을 기대하면서 사진도 찍으며 잠깐 넋을 잃었다. 파도가 잔잔한 먼 바다를 바라보며 잠잠히 꿈을 꾸는 듯했다.

그러나 희귀한 해골바위의 지형은 예상했던 것보다 많이 위험한 난코스였다. 보호자 동반 없이 쉽게 접근할 수 있는 곳이 아니었다. 생각만으로도 아찔하고 오금이 저렸다. 부근을 가기도 전 손과 발 온몸으로 바위를 네 발로 기었다. 암벽 타듯이 나뭇가지를 부여잡고 한 걸음씩 한참을 해안 쪽으로 내려갔으나 목적지에 도달하지 못한 채 뒷걸음질로 되돌아섰다. 해안절벽이 무시무시하여 오금이 저려 하마터면 큰일 날 뻔했다.

어려운 난코스를 지나면 해골바위는 상상 그 이상의 형상이 기다린다지만 장비가 없는 우린 가고 싶어도 속수무책이었다. 담이 크고 보호자가 반드시 동행을 해야 하는 곳이다. 수우도의 명물은 단연 기이한 해골바위란 특이한 형상의 신비로운 곳. 가는 길에 손잡을 곳과 발 디딜 곳이 없어 매우 위험하고 험난한 일정이 되고 말았다. 위험한 노선을 포기하고 우회하여 걸었다.

아쉬움이 남아 휙 뒤돌아보고 빠르게 하산을 서둘렀다. 또 다시 은박산은 험하고 가파른 오르막의 연속이다. 길은 돌길이며 구불구불 악산으로 매우 고약하여 헐떡거리며 걸음을 재촉했다.

허겁지겁 오르던 길은 내리막길이 좀 수월해져 안도의 숨을 쉬었다. 험난한 여정으로 미처 낭만이고 고즈넉함 따윈 느낄 새도 없었다. 바다를 바라볼 경황조차 없었다. 배 시간이 임박하여 쉼 없이 헉헉 헐떡이며 종종걸음으로 겨우 맞췄다. 배 시간을 맞추어 하산한 안도에 순식간 기진맥진 다리가 풀리고 말았다.

섬 투어라기보다는 험난한 등산코스 길이었다. 배 시간을 맞추고자 험한 길을 무려 4시간을 바삐 걸어 겨우 선착장에 도착하자마자 약 5분 후 배가 출발했다. 아찔했다. 능선이 가파르고 위험한 곳에 있는 해골바위는 쉽지 않은 난코스였다. 아쉬움이 크다.

수많은 섬을 걸어 보았으나 다리가 아파서 죽을 만큼 힘든 트레킹은 처음이다. 인천 '굴업도' 그 먼 곳을 이틀을 꼬박 걸었어도 극복했는데 아뿔싸, 허벅지 근육에 무리가 오고야 말았다. 근육은 손을 못 댈 정도로 아파서 수개월을 침, 약물, 물리치료를 병행해 겨우 괜찮아졌다.

쉬지 않고 꼬박 4시간을 이정표도 없는 그 가파른 은박산을 걷고 또 걸었던 경험은 지금 생각해도 아찔하다. 머리가 아파 왔다. 섬 여행을 하면서 어찌 입맛대로 다 황홀할 수 있으랴. 정보가 부족했던 우리들의 실수였다. 훗날 그곳으로 다시 갈 기회가 생긴다면 아마 또다시 갈 것이다. 아쉬움이 크다.

*수우도: 경상남도 통영시 사량면 돈지리에 위치.

우도의 솔바람

우도*의 끝자락에 구멍섬이라는 이름의 자그마한 섬이 있다. 산처럼 큰 바위에 크게 구멍이 나 신기할 따름이다. 키득이며 웃음이 났다.

좀 무더웠으나 불어오는 해풍은 이마에 흐른 땀을 씻는다.

조붓한 오솔길에 초록의 향기와 신선하고 푸른 풍광까지 즐거움이 시야에 잡힌다. 파도치는 소리가 들리면서 솔숲에서 불어오는 바람은 이루 표현할 수 없이 상큼하고 상쾌했다. 삼십여 분을 오르자 이내 파도 소리가 힘차다. 시원한 수평선이 시야에 펼쳐졌다.

바다의 너른 품은 언제나 내 가슴으로 크게 안긴다. 하늘색도 푸르고 구름빛도 예술이었다. 산길 바닷길이 베풀어 주는 향연으로 발걸음은 사뿐사뿐 즐거움을 만끽하기에 최고의 계절이자 날씨였다. 계절의 여왕다운 일기였다.

시원하고 멋진 풍경과 걷기 좋은 예쁜 숲속 오솔길 따라 힘들이지 않고 느긋하게 한발 한발 구석구석 천천히 걷자 행복이 샘처럼 솟구쳤다.

찾아가고 싶은 동백섬 우도는 비경이 뛰어난 섬이다.

통영의 우도는 연화도 다리로 연결돼 있으며 크지 않은 자그마한 섬, 천천히 걸어가다 보면 연화도 끝자락이 눈에 들어온다. 통영을 여행할 때마다 바다 물빛이 푸르고 뛰어난 경치와 올망졸망한 섬들에 놀라곤 한다. 통영의 아름다운 풍경, 산과 바다가 절묘하게 어우러져 과연 동양의 '나폴리'라 해도 손색이 없다. 그리하여 발길이 닿는 곳곳마다 문인들의 예술론을 느낄 수 있는 곳이다.

우도는 주민들이 40여 가구가 살고 있는 작은 섬마을이다. 섬은 정남향으로 등줄기가 오목하여 나무가 울창하고 비교적 따뜻한 기후로써 면적은 작으나 포근하고 비옥한 곳이다. 미륵산에서 보이는 모습이 소가 누워 있는 형태로 보인다고 하여 소섬이라 불렀다 한다. 소섬의 한자명이 우(牛)도라 한다. 섬 전체가 해안선 여기저기 구멍 난 곳이 많다. 대표적으로 섬 북쪽에 크게 '구멍이 난 바위' 그리하여 구멍섬 딸린 섬이라 한다. 남쪽에는 분화구같이 생긴 산의 큰 바위 가장자리에 있으며 바다가 뚫린 용강정이란 곳이 있다. 섬 밖에서 보면 섬 전체를 소나무가 울창하게 덮고 있어 외지인들은 솔섬이라고 부르기도 한다. 싱그럽고 푸르른 작은 섬에 속한다. 통영-우도, 창원-우도, 고흥-우도 완도-우도, 제주-우도, 서산-우도 등 우도라는 지명은 지역 곳곳에 있다.

우리가 찾아간 통영 우도는 물이 빠지면 큰 구멍섬으로 알려졌다. 산처럼 큰 바위에 큰 구멍은 자연의 신비가 신기할 따름이다. 웃음이 난다. 숲길을 따라 시원한 파도 소리가 귓전을 시원스레 때린다. 구멍섬처럼 걷는 내내 가슴속까지 뻥 뚫린 듯했다.

솔숲이 우람하게 무성하여 세찬 바람에 등 떠밀려 신선처럼 걸음이 가벼웠다.

여느 섬이 다 그렇지만 특히 우도는 해안 강정길이 너무 아름답다. 오르막도 없이 계속 이어지는 좁다란 오솔길 따라 힘찬 파도 소리는 시원하게 멜로디가 되어 귓가를 울렸다. 상쾌한 햇살과 바람에 일상의 시름을 잊을 수 있었다. '우도' 섬 트레킹은 약 3시간이면 여인의 발 빠른 보폭으로 완주가 가능하다. 작은 '구멍'섬은 목섬에서 바닷물이 빠지면 아름다운 변모로 드러난다. 물때를 확인하고 가면 멋진 사진까지 담을 수 있으며 눈도 마음도 시원하게 호사를 누리게 될 것이다.

지친 몸 달래면서도 어린아이처럼 신이 났다. 섬마을에 가면 신선한 먹거리가 단연 최고이기 때문이다. 현지의 바다 수산물을 탱글탱글한 생선구이와 조림으로 입안 가득 직행하여 맛보니 입안 가득 꽉 채우던 그 맛. 게눈 감추듯 입이 쩍 벌어지게 여럿이 단숨에 먹어치웠다. 이구동성으로 만족은 극에 달했다. 그야말로 꿀맛 같은 풍미가 대단하다. 섬밥을 먹을 때마다 수고한 섬 아낙의 손길에 칭찬은 톡톡하다. 대접받은 기분으로 사랑과 행복이 새록새록 피어나는 매력 있는 순간이었다.

우도와 연화도를 이은 연결된 다리 위 거센 해풍을 맞으며 도보로 건넜다. 거친 해풍이 긴 머리를 헝클이며 통영의 운치와 푸른 물결이 함께 춤을 춘다. 시원한 해풍과 바다는 맑고 푸르러 햇살은 반짝여 내내 감탄사를 연발 끊이질 않았다. 마음을 간지럽혔다. 자연의 멋이 이토록 아름다운지 눈앞에 펼쳐진 바다와 산, 풍광에 취해서 걸음을 멈췄다. 풍광이 이보다 좋을 수가 있으랴, 온 세상이 다 내 것인 양 눈으로 마음에 담았다.

5월의 봄 바다에는 새파란 파래, 미역, 톳이 자연 그대로 비릿하고 짭조름한 바다 향이 지천이었다. 바다의 향이 얼굴과 코 미각까지 바닷가에 있다는 걸 실감케 했다. 자연의 향미가 고스란히 느껴져 흡족했다. 모든 것을 동원해 자연산 톳과 미역을 봉지에 따 담았다. 집으로 돌아와 광주리에 펼쳤더니 집 안 가득 바다 향으로 난동이었다. 이 또한 섬 여행의 재미있는 일화이다. 우도와 연화도를 잇는 다리 아래로 유람선은 뱃고동을 울리며 지난다. 문학이란 핑계로 난 바다에 몸을 던지고 싶은 충동이 들며 즐거움은 극치였다.

다리를 건너 연화도로 넘어가 섬 속의 작은 점빵에서 달달한 아이스크림을 하나씩 먹어 떨어진 당을 보충했다. 이윽고 배를 타고 육지로 나와야 했다. 이따금 바람에 실려 오는 짠 내가 온몸을 감싸 안고 하늘과 바다와 잘 어우러진 다도해를 바라보는 이 평화가 이토록 행복하다니 감사할 따름이다. 섬 우도에서의 아름다운 추억은 오래도록 맛있게 예쁜 추억으로 기억할 것이다.

*우도: 경남 통영시 욕지면 연화리에 위치.

바람의 냄새

이른 아침부터 분주히 서둘러 섬 구경에 나섰다. 바다는 언제 가도 엄마 품처럼 넉넉하여 좋다. 시골 정취가 물씬 나는 가덕도 섬 풍경은 생각보다 조용했다. 짭조름한 바닷바람으로 마음까지 활짝 꽃피워지는 듯 상쾌하고 정감이 넘쳐났다.

짙푸른 바다와 산과 잘 어우러진 풍경과 동굴들, 발길이 머무는 곳곳마다 느껴지는 생생한 느낌과 숨을 들이마실 때마다 맑은 공기는 바람 되어 몸속을 훑는다.

가덕도섬의 아무 지식도 없이 무작정 따라나선 길, 가벼운 트레킹이겠지 하고 무시로 출발했다. 희뿌연 해무 사이로 비치는 작은 섬, 아름다운 해변을 걸으며 느꼈던 쾌감은 그 어떤 말로도 형언하기 힘들다. 잔잔한 안개 속에 보이는 실루엣은 더욱 아름다웠다,

부슬부슬 비는 내렸으며 차창 밖으로 보이는 해무의 연속이지만 비경은 울렁울렁 두근두근 기분 좋게 불어오는 바람은 온몸으로 달려들었다. 흐리고 안개 탓에 찌뿌둥한 몸음 조금씩 깨어나기 시작했다,

신공항 문제로 시끄럽고 주민들의 반발이 이어진다던 가덕도.* 그곳 청정지역에 숨어 있는 비경 경관들이 그대로 잘 보존될 수 있다면 좋지 않을까 하는 마음에 씁쓸하고 안타까웠다. 모든 이들도 내 마음 같을 것이다.

가덕도는 부산시 강서구 가덕도동에 속한 섬으로 아름다운 해안선이 약 36km. 명칭의 유래를 보면 그 섬에 더덕이 많이 나는 곳이라 하여 붙여진 지명이란다. 가덕도를 통과하는 다리는 '거' 자와 가덕도의 '가' 자를 따라 거가대교라 이름이 붙여졌다.

거가대교는 부산에서 가덕도, 대죽도, 중죽도, 저도, 유도리를 통과하여 마침내 거제도에 이른다.

부산에서 거제까지 통행 거리가 약 50분 소요되는 어마어마하게 긴 국내 유일한 터널이다. 해저터널로 우회하면 많은 시간을 단축할 수 있다고 한다.

다리와 해저터널을 통과하는 이색적인 경험은 여행의 또 색다른 묘미를 한껏 더해 줬다.

그곳에는 캠핑장, 낚시도 할 수 있도록 방파제가 잘 정비가 되어 손색이 없었으며 해안가에도 쓰레기 조각 하나 없이 매우 청량했다. 남서풍이 불어 옅은 해무에 덮인 수면이 보이기 시작했다. 끝없이 넓은 바다에 옅은 운무로 신비함과 멋진 풍경으로 운치가 공존했다. 비가 그친 뒤라 산뜻하고 눈길 가는 곳곳마다 그림 같은 풍경으로 시원하게 해 주던 시야, 매력에 빠져들었다.

외국에 온 듯 넓은 창이 있는 카페에서 바다를 풍경 삼아 감상하면 더 멋진 추억의 장소로 기억될 것 같았다. 가덕도라는 지형에 반하고 풍경에 매료돼 즐거웠다. 대자연을 만끽하며 산다는 걸로 족하다.

보슬비는 계속 내렸다. 찰싹이는 파도 소리에 조약돌이 부딪치자 그 감미로운 소리는 사르르 사르르 환장하게 나의 애간장을 다 녹였다. 순간순간 밀려왔다. 소멸을 반복하는 감미로운 선율은 잊을 수가 없다.

대항항 포진지 인공동굴이 있는 일본의 군사요새지였던 대항동은 러일전쟁(1904)으로부터 태평양전쟁에 이르기까지 일본군이 무려 41년간 군사를 구축하고 주둔한 곳이라고 한다. 일본군이 태평양전쟁 말기에 대항항 절벽에 진해만 방어를 위한 동굴로 야포와 중화기를 배치하는 결사항전을 준비했다고 한 곳. 잔악한 역사가 현실감 있게 잘 재현돼 있다.

일제가 강제 동원된 조선인 징용자들의 희생이 깔려 있는 현장, 어두운 역사의 흔적이 남아 있다. 역사적으로 비극적인 사건이 일어났던 곳을 탐방했다. 거제포로수용소를 비롯하여 아픈 역사의 현장을 직접 탐방해보면 마음이 싸아한 느낌이다. 동굴 구석구석에 남아 있는 그리움의 흔적들 '어머니, 보고 싶어요'라는 글귀를 보고 나니 더 울컥거렸다.

서늘한 동굴 안이어서 그런지 천장에서 물방울 한두 방울씩

툭툭 머리 위, 팔, 어깨 위에 떨어질 때마다 오싹거렸던 가슴. 바닥과 천장으로 별빛이 반짝거리는 동굴 안 조명들, 의미는 모르나 그럴 듯 현실감 있게 재현을 잘해 놨다. 장소가 주는 무거움에 오싹거리기도 했다. 만약 문화해설사의 자세한 해설을 덧붙였다면 더 실감 날 듯했다. 그곳에 대한 지식이 없어 아쉬움이 컸다.

잘 정비돼 있던 가덕도. 동굴 탐험 길, 해안길을 따라가는 데크길, 바람결에 묻어오던 바다 비린내, 빗길로 축축해진 도로 우리들의 마음까지 어루만져 주는 듯했다. 별거 아닌 듯해도 섬 여행의 작은 즐거움을 잊은 채, 역사의 현장을 찬찬히 둘러보게 된 뜻깊은 날이다.

동굴은 대항동 앞 천성동쪽 해안 절벽에 10여 곳이 있고 새바지 마을 앞 3연 동굴과 외양포 마을을 둘러싼 산 정상과 중턱에도 여러 개의 인공 동굴이 더 있다고 한다. 일제 강점기의 아픈 역사의 흔적과 현장을 재현해 둔 것이 퍽 인상 깊었다.

해무 낀 먼 바다를 바라보면서 파도 소리의 멜로디를 듣고 있는데 발길이 떨어지질 않았다. 날씨가 맑은 날이면 더 먼 곳곳을 볼 수 있었을 텐데 아쉬움이 남았다.

가덕도에는 또 하나의 섬 눌차도가 있으나 짙은 해무로 인해 잘 보이지 않아 다음에 또 찾아오기로 하고 발길을 돌렸다. 6월 중순 비릿한 바다향이 곳곳에 배어 있고 짠 내 나는 그 향, 사람 사는 냄새가 좋았다.

역사의 현장, 풍경이 아름다운 곳곳, 가무의 술자리 등을 휘젓고 다니며 상상의 나래를 펼치며 사는 나, 바람이 나를 부를 때면 또다시 가슴을 토닥토닥 잠재운다.

그렇게 바람에 날아오는 향, 바람의 일렁이는 물결까지 느끼며 살 수 있고 다닐 수 있음은 그저 감사할 따름이다. 이 지나가는 바람에 실어 하늘에 있는 님에게 안부 전하고 싶다. 섬은 가슴 아픈 나를 토닥토닥 괜찮다고 달래준다.

발길 머문 그 곳

참 오랜만에 거제도를 찾은 날, 보슬비가 부슬부슬 내려 대밭길이 질척거렸다. 거제도 안에 맹종죽* 테마파크 볼거리가 있다 하여 발길이 그곳까지 닿았다. 대숲에서 들려오는 스산한 소리는 으스스 무서운 귀신 소리가 난다고 하여 내 기억은 언제나 무섭다. 어린 날 우리집 텃밭 대나무 속설 머릿속 기억의 조각들이 떠올랐다. 맹종죽은 효를 상징하는 눈물로 하늘을 감동시켜 죽순을 돋게 했다는 맹종설순(孟宗雪筍)이란 사자성

어가 등장하게 된 것이란다.

비가 내린 탓으로 코로나 탓 관람객이 없어 조용한 산책을 즐길 수 있었다. 세상 살면서 봐 온 대나무와는 사뭇 다른 거대한 품종이 신기했다. 대나무 숲이라 하면 담양이 가장 으뜸인 줄 알았는데 거제도의 새로운 맹종죽이란 죽림테라피 명소를 알게 되어 기뻤다.

비가 와서인지 우후죽순으로 자라나 온 죽순 굵기는 놀라웠다. 키가 무려 10미터가 훌쩍 넘을 듯 크고 하늘을 찌를 듯 빼곡한 대순의 굵기가 놀랄 만큼 어마어마했다. 맹종죽뿐만 아니라 좁다란 산책로의 푸르른 신우대까지 오밀조밀하게 자리하고 있다. 중국 오나라 효자 맹종이 한겨울에 죽순을 찾아 하늘이 감동하여 눈물이 떨어진 그곳, 눈이 녹은 그 자리에 죽순이 돋아나 어머니의 병을 고쳤다는 전설로 맹종죽이라 불리기 시작했다고 한다. 죽순은 땅이 주는 선물이며 담백하고 아삭하여 고급 식재료로 인기가 그만인데 나 역시 좋아하는 반찬 중 한 가지이다.

우리나라는 1926년 소남 선생이 일본 산업 시찰 후 귀국할 때에 3주의 맹종죽을 들여와 거적시 하청면에 심은 것이 시초가 되었다는 것이다. 무더운 여름 삼복더위를 극복할 정도로 차고 시원한 죽림 숲, 쭉쭉 뻗은 풍경이 신선한 충격이었다. 빗방울 이슬방울 사이로 사각이는 댓잎의 청량함을 기분 좋게 느껴보았다. 잘 관리된 대숲 사잇길 따라 올라가자 대숲 향기가 솔솔 했다. 산책로로 포토존이 잘돼 있고 부슬부슬 비가 왔으나 숲의 싱그러움이 퍽 인상적이며 대나무 사이로 하늘을 올려다보니 막힌 가슴이 뻥 뚫렸다.

다양한 길로 소곤소곤 이야기꽃을 피워가며 볼거리, 먹거리, 치유 및 체험하는 곳까지 대숲 정상으로 걸었다. 빗길이 질퍽했으나 산책로를 걸어 오르면 먹거리 집도 여인들의 데이트 코스로 손잡고 거닐기가 최상의 장소인 듯했다. 입장료까지 몇천 원 지불했으나 아깝지 않은 낭만적인 시간이었다.

거제도에는 9경이 있다. 1. 해금강 2. 신선대 바람의 언덕 3. 외도 보타니아 4. 학동 흑진주 몽돌해변 5. 포로수용소 유적공원 6. 동백섬 지심도 7. 여차 홍포해변비경 8. 내도 공곶이 9. 거가대교, 이 중 나는 6곳을 다녀왔다. 거제는 아주 멋지고 아름다운 곳임이 분명하다. 이수도, 외도, 지심도, 바람의 언덕, 포로수용도, 거가대교, 칠천도, 대덕도, 산달도 등등 참 많이도 다녀왔다.

죽림욕(Bamboo Therapy)은 음이온이 발생하여 혈액을 맑게 해 주고 저항력을 증가시켜 주며 건강에 많은 도움이 된다고 한다. 죽림은 산소 발생량이 높아 밖의 온도보다 항상 4~7도 정도 낮아 시원한 곳이다. 많은 이들이 다녀간 쉼터의 숲. 산책로 곳곳에 비에 젖은 수국까지 만발하여 눈길을 끌었다.

이색적인 죽림길, 훗날 이날을 추억하여 가족들과 다시금 그곳에 가고 싶은 여운이 남았다. 보슬비가 조용히 내리는데 길이 질퍽했으나 바람이 살랑살랑 불자 댓잎의 특유한 소리는 파도 소리처럼 술렁인다. 그렇게 큰 죽순을 난생처음 봐서 신기할 따름이었다. 죽림욕 시설이 잘 설치돼 있어 자연 친화적인 다채로움에 감탄을 했다. 계단은 대나무로 설치돼 있었으며 소원성취를 적은 쪽대나무도 볼 수 있었는데, 얼마나 많은 이들이 다녀갔는지 실로 놀라웠다. 소원도 각양각색 사람꽃처럼 알록달록한 메모지에 깨알같이 적힌 소원.

모두 소원성취 이뤄지기를 함께 빌어본다.

*맹종죽: 경남 거제시 하청면 거제북로 700에 위치.

탄도 · 1

구석구석 짐작할 수 없는 아름다운 풍경이 눈앞에 펼쳐진다. 탄도*는 무안군에서 유일하게 사람들이 사는 유인도이다. 섬을 찾던 날은 찬바람이 몹시 불어 추웠다. 겨울인데 바다는 봄 온 듯 온통 파랗다. 마치 봄이 온 듯 물 빠진 갯벌은 파래와 온갖 해초류가 봄 바다처럼 싱그러웠다.

무안 망운면 송현리 조금나루에서 하루 두 번 운행하는 작은 배를 타고 서쪽으로 약 2.5킬로미터 물길을 따라 약 10분 남짓 배를 타고 가면 갈 수 있는 섬이다.

옛날에는 섬 전체에 나무가 많아 숯을 생산해 육지로 보냈다고 하여 탄도라는 지명이 붙여졌다고 한다. 지금은 28가구에 약 50여 명이 살고 있는 작은 섬, 자연 그대로를 간직하고 있는 아름답고 평화로운 소박한 섬이다. 마을 주민들의 땀과 정성으로 직접 만들어진 순박한 올레길인데 자연을 전혀 훼손하지 않고 만들었다는 이장님의 말씀. 해안을 끼고 걷다 보면 멀리 섬 안의 섬 무인도가 눈에 들어오는데 야광주라 하는 무인도는 마치 용이 여의주를 품고 있는 형상이라고 해서 여의주라고 부른다고 한단다.

바다 가운데 똥섬 같은 작은 섬이 앉아 있다. 세찬 바람 안고 우르르 걸어 들어갔다. 생각보다 꽤 거리가 멀어 신기했다. 야광주도는 썰물 때 갯벌이 드러나야 걸어갈 수 있는 작은 무인도였다. 높은 산도 없는데 일출과 일몰이 아름다워서 주민들의 힐링 명소이라고 한다.

탄도를 가기 위해 참 많은 정보를 알아보고 결정된 곳이다. 일행은 서둘러서 무안 공항 근처에 있는 맛집으로 향해 아점을 일찍 먹고 조금나루 선착장에 향했다. 도선을 이용해 11시경 탄도로 들어갔다. 섬 전체를 도보로 걷는데 여유롭게 약 3시간 정도 걸린다. 물이 다 빠진 상태여서 야광주도까지 갯벌을 한참 걸어서야 갈 수 있었다. 거참, 신비 그 자체였다.

탄도라는 섬은 물때를 잘 알고 들어가면 여행에 많은 도움이 된다. 우리가 찾은 날 물이 다 빠진 섬 갯벌에는 고동을 뿌려놓은 듯 많았다. 신기한 나머지 조금씩 주워 모으니 한순간 제법 많이 주울 수 있었다. 갯벌은 청정지역으로 표현하기 어려울 만큼 신선하고 담백했다. 섬 여행을 하면서 고동이 이렇게 많은 곳은 발견하기는 또 처음이다. 오염되지 않은 곳이며 아직 외부인들에게 비공개된 곳이라 행운으로 주워 올 수 있었던 것이다. 섬 주민들은 야광주도 부근에서 굴도 따고 소라와 고둥도 줍는다고 했다. 물때를 모르고 멀리 들어가면 매우 위험하니 반드시 주의해야 한다고 말했다.

탄도의 섬은 마을 주민 몇 분과 우리 섬 여행객뿐 한가한데 바람만 세차게 불었다. 둘레길과 데크길은 조성 중이었으며 고요한 섬에 장비 소리가 요란했다.

아마도 여름 즈음 들어가면 길이 많이 정비되어 있을 것 같은 예감이다. 데크길이 완성되면 해풍을 맞으며 맑은 바닷속을 들여다보며 걷고 또 낭만을 즐길 수 있을 것 같아 생각만 해도 기분이 좋아진다. 나지막한 데크따라….

한적한 민박집은 초등학교 분교였던 폐교를 이용하여 아담하게 한낮의 햇살로 더 따뜻했다. 멋진 개 한 마리까지 꼬리를 흔들며 낯선 우리를 온몸으로 환영했다. 민박집 마당은 드넓은 바다와 갯벌, 내 가슴이 다 시원했다. 내가 사는 집이라면 좋겠다는 바람이었다. 집 앞 갯벌 바다가 주는 여유가 느껴졌다. 주전부리할 곳과 식당은 한 곳도 없었다. 이야기꽃을 피우며 알싸하게 청량하던 바람을 마다않고 감동으로 긴 여운이 남은 곳이다. 우리들만의 추억과 함께 즐겁고 행복한 여행의 한 페이지를 간직한 듯 오래 기억하고 싶은 곳이다.

어촌의 밥상이 그려진다. 섬 전체가 갯벌로 둘러싸여 그림 같았던 섬이 아름답게 아련하다. 또 언젠가 가고 싶은 그 섬.

*탄도: 전남 무안군 망운면 탄도리에 위치.

탄도 · 2

계획 없는 일정으로 한 주일 만에 또다시 찾아갔다. 함께 한 일행 중 지난번 동행하지 못한 이들과 또다시 찾아간 탄도의 평화로운 섬.

깜짝 놀라지 않을 수가 없었다. 며칠 전 봤던 갯벌은 상상조차 할 수 없을 정도로 온통 물이 가득이다. 이렇게 변할 수가 있을까 실로 놀라웠다. 같은 섬인데 한 주 만에 완전 다른 섬의 그림으로 바뀌었다. 물때에 맞춰 썰물 때와 밀물이 가득 차 있을 때 또 찾게 된 날이다.

갯벌은 보이지 않고 바닷물이 그 섬에 가득 차 있었다. 바다의 현황을 잘 모른 채 살아온 나는 60 평생 놀랍기도 하고 신기할 따름이었다. 갯벌에 그리 많았던 조개, 고둥 등 모든 것은 물속에 다 잠기고 또 다른 섬의 그림으로 달라진 풍경을 맞닥뜨리게 되어 놀라움을 금치 못했다. 색다르고 이색적인 섬 여행의 묘미, 밀물과 썰물 때만의 신비로움을 가지게 되었다. 같은 섬을 두 번을 오가니 이렇듯 이중의 해변의 아름다움을 볼 수 있어서 놀라움 자체였다. 바람이 몹시 부는 추위에도 아랑곳하지 않았다. 그 섬의 어른들은 차가운 갯바람을 피해 양지바른 담벼락 밑에 옹기종기 모여 성내에서 들어온 우리를 신기하게 바라봤다. 전형적인 시골 아낙이 소박하게 웃던 그들, 순수했다. 농한기라 밭은 텅 비어 있고 바닷바람이 얼마나 거센지….

물이 들었을 때와 물이 빠졌을 때 두 번 다 신기하고 아름다움 그 자체였다. 그 너른 갯벌이 동네만 덩그렇게 남기고 온통 물이 가득하여 말로 표현하기가 어렵다. 놀라움 그 자체.

바닷물 위에 놓인 데크길은 보수공사 중, 길이 끊어져 산 위로 샛길을 택해 올라갔다. 어디를 가도 사방이 바다 풍경이다. 탄도는 가고 싶은 섬으로 선정되어 내년에 가면 더욱 아름답게 다듬어지고 가꾸어져 많은 섬 여행객을 반갑게 맞이하게 될 것이다.

탄도의 섬이 너무 신기하여 일행들은 감탄을 이어갔다. 탄도에는 민박집이 딱 한 곳이 있다.

옛 학교 자리 폐교가 된 그곳에 건물을 수리하여 타지인이 들어와 민박집이 운영되고 있다. 경상도가 고향인 민박집의 젊은 부부는 우연히 섬 여행을 하다가 그 섬이 너무 좋아 모든 것을 접고 폐교를 매입해 민박집을 운영하게 됐다고 했다. 후회 없이 지금도 너무 좋다는 부부의 모습, 낭만과 여유로움을 즐기며 산다는 그들은 행복해 보였다. 조용하고 너무 아름답게 자리하고 있어 마치 한 폭의 그림 같았다. 여유로움을 즐기고 싶은 곳 말로 다 표현을 할 수가 없다.

기회가 된다면 1박을 하며 쉬어가도 좋을 듯하다. 탄도는 또 언제 찾을지 모르나 다시 가고 싶은 섬 중의 한 곳이다.

바람에 떠밀려 걸음걸이도 사뿐사뿐 웃음으로 곧 봄이 찾아올 것처럼 행복한 함성을 질렀다. 섬을 여행하는 즐거움이 너무도 크다. 많은 지식을 실을 순 없으나 약 3년간 코로나로 인한 고충 또 소소한 일상의 고뇌, 대인 기피증으로 가슴앓이를 몹시 하던 터, 고립과 단절의 연속으로 우울증과 무기력으로 시달린 연속이었다. 섬으로 여행을 하며 걷다 보니 가슴속의 온갖 독소들이 빠져나가고 나는 또다시 웃음을 되찾을 수 있었다. 바다는 엄마처럼 언제나 나를 마다않는다.

따스한 정이 그리울 때 찾아 나서는 바다와 '섬'은 위로의 어머니 품, 나는 또 다시 웃는다.

인생 필살기

가을이 익어가는 햇살 좋은 날 단풍이 예쁘게 물들면 여행하기 더없이 좋은 계절이 다가왔다. 삶도 함께 익어 그리움이 피어나는 계절이다.

숨 막혔던 한여름의 무더운 열기가 끈적끈적한 농부들의 땀방울로 조금씩 식어간다. 고된 농민들의 수고로 잘 익은 고추가 새색시 다홍빛 치마처럼 빛깔이 곱다. 뜨겁게 달궈진 도로 위에 고추가 알몸으로 열을 맞춰 일광욕이다.

결실의 계절 가을이 밤마다 사부작사부작 여린 감수성을 뒤흔든다. 아침에 눈 뜨면 코끝에 스치는 공기가 어제와 오늘이 달라 놀랍다. 따스했던 기억을 더듬어 회상해 본다.

싸늘해진 어젯밤에는 홑이불 한 자락이 나의 위안과 체온을 지켜주지 못했다.

서늘한 가을비가 추적추적 진종일 내린다. 우산도 없이 비를 맞으며 어둠 속으로 쓸쓸하게 아무도 기다리지 않는 빈집으로 돌아왔다. 가을비는 내 감정을 세척하고 영혼을 위로해주는 카타르시스를 느끼기에 충분했다.

지난한 삶의 소유자인 나는 쌀알의 힘을 통해 살아온 과거의 허례허식과 기만을 내려놓자 평화가 찾아왔다. 인간이란 미물은 길 위를 헤매거나 미궁에 처하기 마련이다. 그것은 필연이며 당연한 귀결이다.

가을의 정취를 물씬 느끼는 이즈음. 설레는 마음도 뒷전이며 그저 무덤덤 다가오는 추운 계절을 준비하는 시간이다. 무뎌진 자신을 익숙하게 담담히, 힘들었던 날들을 운명이라 치부하며 초연하게 숙명인 양 받아들였다. 많은 욕심들을 내려놓고 보니 목

말랐던 갈증도 해소가 된 듯하다.

누구와 누구의 저울질 따위도 무의미하다. 덤덤해진 일상을 긍정으로 애쓰자 따뜻한 에너지로 평화가 머문다. 오늘처럼 내 마음속 풍경을 끌어올려 글을 쓰는 순간들이 가장 행복하다. 지나온 세월의 더께 속에 남이 알세라 가슴앓이의 수고는 덜 터이다. 주일 오후 동그마니 쪼그리고 있다가 툴툴 털고 아파트 뒷길로 나갔다.

무더위에 길섶 흙먼지를 뒤집어쓴 개망초가 웃으며 살랑살랑 거린다. 늦더위가 기승을 부리는 풍경에 매미들의 울음이 내 텅 빈 마음을 두둥실 노래하게 한다. 주변을 기웃거리며 걸었다. 사람의 발길에도 기척 없이 자빠진 누렁이의 모습이 놀랍다. 풋감 떨어진 감나무 아래서 누렁이가 아랫도리를 다 내놓고 심드렁하게 젖통도 보이고 배를 내밀고 자는 모습, 개팔자 상팔자가 틀림없다. 하늘을 올려다보니 불안한 먹구름이 오락가락 소나기가 올 것 같았다.

삶이 고달파 떨쳐버리고 싶을 때도 있지만 가족이란 얽히고설킨 굴레. 가정이란 화두부터가 얽히고설킨 고약하게 꼬인 실타래를 풀어야 할 내 삶의 몫이다.

고통이 깊은 만큼 수행의 기간도 길어 사람다운 면모를 닮아가는 깨달음의 심오한 과정 그 자체이다. 오늘은 무슨 희망의 그물로 해답도 없이 막연하게 세상으로 던져볼까나. 이런 마음이 곧 내 마음이다. 외로움이란 그물에 걸릴까 봐 심히 염려된다. 추락한 자존감을 길러 세파를 잘 이겨낼 수 있는 힘이 많이 생긴 듯하다. 항상 어두운 긴 터널만 있는 것이 아니다.

사람들이 나를 모르는 산속으로 숨어들어 살고 싶었었다. 맘이 이끄는 대로 내키는 대로 글을 쓰듯 갖가지 언어로 표현을 해야 족할 것 같다. 헛된 욕망들이 바람에 다 부서져 산산조각이 나고 없다. 강렬하던 석양이 사뿐히 내려앉는다.

새들은 노을을 물고 둥지로 들건만 수평선 저 너머로 먹구름이 몰려온다.

염치는 죽음의 문턱을 넘어 마침표를 찍고 청천벽력 같았던 세월을 뒤돌아보니 속절없는 그 세월이 참 야속하기 그지없다. 삶의 가치를 값지게, 적어도 지탄받는 자는 되지 말아야겠다며 얼마나 나를 다잡으며 살아 냈는지 그분만이 아실 것이다.

인생은 일기 예보와 같았다. 비가 오고 바람 불고 폭풍우 치는 날이 있다가도 어느새 쨍하고 화들짝 해를 비추듯, 내 마음도 그랬으며 가장으로서의 역할을 충실히 단단해야겠다며 주문을 외듯 알차게 걸어왔다.

어미의 존재는 온갖 지식을 두루 섭렵했다 해도 이래서도 저래서도 안 되는 것이 더 많았다. 혼자만의 너털웃음 안에 까맣게 멍울진 진창의 과정을 겪어 수치를 달게 받아 인내를 마다하지 않고 견뎌왔다. 파도 타는 경험을 수천 번을 해야 비로소 고요한 평화가 찾아오는 경험은 참으로 파란하다. 나의 인내가 아마도 당신께서 아셔서 하늘에 상달되었을 법하다.

참된 사랑이란 두 손 맞잡고 하모니가 잘 맞아야 사랑을 지킬 수 있는 것이 내공의 결과이다. 혼자라는 이유는 구심점이 부실하여 진짜 힘이 없는 외짝이다. 돈도 귀히 여길 줄 알아야 돈이 통장에 모이듯, '언어의 소통'이 안 될 경우 관계의 시련은 끝없이 응달진 시린 인연으로 끝나고 만다.

인내와 웃음은 내 가정을 지키기 위한 삶의 필살기였다. 사소한 것에 목숨을 걸 필요는 없었다. 누구든 게으른 자는 용서할 수 없는 나의 인생 '철학'이다. 부와 명예 행복도 다 내가 만드는 것이었다. 삶에 대한 열정의 한계를 넘어 가능성만 있을 뿐 성취는 아주 미약했다.

세월이 약이라 했던가? 노부부가 나란히, 벤치에 앉아 이가 다 빠지고 성글어진 웃음으로 소곤소곤하는 모습은 석양의 노을처럼 아름답다. 가을날 함께 해로한 노부부의 웃는 모습이 진정 낭만적인 인생 여정길. 나도 홀로 삶을 아름답게 갈무리할 수 있겠지.

3

봄의 언어

섬진강 물빛

봄이라는 언어가 참 좋고 예쁘다. 찬란한 봄을 많이 기다렸다. 거리에 지나다니는 행인들의 옷차림에서 진한 봄 향기가 풍겨 나온다.

봄을 생각하면 왠지 모를 가슴이 뛴다. 기분이 좋고 봄기운에 향기가 나는 듯하다. 남도의 봄은 서둘러 찾아온다.

쉬지 않고 흐르는 섬진강(蟾津江) 줄기를 바라보면 강 물빛은 마음이 편하다. 출랑이는 바람에 여인들의 시폰

옷차림도 한결 가벼워 꽃처럼 예쁘다. 보는 나도 한껏 부풀어 올랐다.

가슴속 내재된 온갖 것들이 왕성하게 꿈틀댄다. 봄처녀 마음이 싱숭생숭 설레는 봄 서정을 누가 말리랴. 봄볕에 부풀어 살랑이며 다정하게 봄은 이미 곁에 온 것이다.

매서운 바람 안고 매화 향기 날리면 보고 싶은 사람이 생각난다. 매화 꽃잎이 폴폴 날리는 강가에 서서 노란 민들레를 물끄러미 바라보니 봄이 올망졸망 열렸다. 지나간 그리움 몇 자락이 삽시간에 스며들었다. 차가운 강바람이 와락 가슴에 파고들었으나 봄의 정취를 자아내기에 충분하다.

그녀는 하동읍 강가 어느 옥탑방에서 아이 셋과 다섯 식구가 살았었다. 섬진강에서 어린아이들과 뜨거운 땡볕에 쪼그려 앉아 재첩 캐던 기억이 새록새록, 좋았던 기억을 그리워하며 살았던 것이다. 자잘한 재첩을 소쿠리에 쏟아부어 깨끗이 헹군 다음 팔팔 끓는 물에 쏟아 알맹이만 조리로 건진다. 조개껍데기를 건져낸 뽀얀 국물에 부추 송송 썰어 넣은 재첩국으로 밥 한 그릇 뚝딱 해치웠다. 술국으로도 그만이었다. 간 해독에도 좋으며 눈도 맑게 해 준다던 그 맛, 자꾸만 생각나는 재첩 국물 맛.

무작정 나선 길에 고즈넉한 물안개가 자욱이 강줄기를 뒤덮었다. 하얀 배꽃이 부스스 눈 비벼 곧 만개할 기세다. 봄바람은 내 볼에 머물다가 긴 머릿결을 스치며 씻기고 도망을 간다. 하동 들녘에 파란 보리밭에도 살랑살랑 바람 스치고 허공으로 맴돌아 간다. 초록빛은 햇살에 더 푸르고 싱그럽게 일렁거렸다.

신바람 난 봄을 느껴보는 것만으로 치유되는 느낌이었다. 살랑거리는 바람의 선율이 귓가에 맴돌았다. 봄바람, 봄햇살, 강물, 새봄, 초록, 봄바다를 떠올리면 설레임으로 기분이 좋아진다. 봄에는 만물이 소생하는 계절이 경이롭다. 노란 감동으로 피어 그 향기가 바람에 실려온다. 지루한 일상 속에서 봄꽃이 활력을 불어넣는다.

가늠할 수 없는 아련한 그리움이 바람에 묻어온다. “미련은 두어서 뭐 할라고” 강물빛을 바라보며 혼자 중얼거렸다.

봄의 꽃 노란 산수유의 자태, 돌담 사잇길에 인산인해로 시끌벅적한 소리로 가득하다. 사람들과 함께 노란색이 더 샛노랗다. 노랑색 가지 끝에 빗물이 대롱대롱 달린 빗방울이 여자아이의 눈망울같이 예쁘다. 산수유가 핀 산동마을 봄비 속으로 걸었다. 설레는 봄은 마치 푸른 청춘이 되살아난 듯이 봄비에 촉촉이 젖었다. 봄이 노랗게 익는다. 산동마을 구석구석 옛일들을 더듬으며 걷는 내내 명상이 되었다. 목마른 갈증도 말끔히 해소된 듯하다.

우리 사는 세상에 꽃이 없다면 얼마나 삭막할까, 꽃이 지면 초록이 무성하게 반짝반짝일 테지.

저 들판의 들꽃처럼 예쁘게 더불어 함께 보듬으며 어루만져 주는 사람 그런 사람으로 남고 싶다. 흐르는 강 물줄기가 힘차다. 헝클어진 마음 해독하듯 유유히 흐르는 힘찬 물빛을 바라보자 행복하게 미소가 번진다. 쿵쾅이는 맘 다스려 노란 봄을 뒤로 하고 다시 마을로 발길을 옮겼다.

강을 바라보며 독백으로 사색한다. 그럼에도 불구하고 진정 본연의 내 모습으로 살기로 맘먹었다. 봄에 취하고 초록 움트는 강가에서 감동하며 더없이 행복한 오후를 보냈다. 욕심도 부질없고 젊음도 잠깐이며 삶이 덧없음을 새삼 알게 된 봄의 하루해가 짧다.

봄 향기 귀한 맛

흙바람 불어오는 쪽에서 봄 향기가 난다. 꽃샘추위가 극성이어도 어김없이 봄은 오고 꽃은 피어난다. 긴긴 겨울이 가고 또 다른 계절이 돌아왔다. 따끈한 커피를 한 모금 마시며 창밖 거리를 지나는 여인들의 옷차림에서 봄 향기가 난다.

길에 다니는 수많은 사람들을 보는 것도 작은 즐거움이다. 세월이 참 빠르게 간다는 것을 감지한다. 바람이 차갑다. 봄바람에 날아오는 미세먼지로 하늘이 흐려 우울하고 짜증 나는 날, 더디 오는 봄이건만 봄만 되면 골골 봄앓이가 심하다. 나도 모르게 생각이 많아 상념에 젖는다. 어딜 가고 싶어도 떠날 수 없어 쓸데없는 고민으로 깊어진다. 이럴 때는 햇살 좋은 공원을 천천히 걸으며 바람결에 몸을 맡긴다. 남들처럼 독서를 많이 할 수도 없는 현실. 내 안에서 글이 들끓으나 아쉬움만 남는다.

오랜만에 맛있는 점심을 먹으러 가자며 지인이 찾아왔다. 마음결이 곱고 비슷한 고마운 사람이다. 식당에서 함께 알탕을 시켜 먹고 왁자지껄한 식당에서 맥주잔을 나누며 마음을 나눴다. 이렇게 좋은 봄날 이런저런 뜻 모를 일들을 떠올렸다.

마음을 나눌 수 있는 이웃이 찾아와 내심 흐뭇했다.

심술궂은 칼바람으로 나뭇가지 뒤흔들며 어김없이 깊은 잠을 깨워 봄을 향해 돌진해 온다. 비가 오려는지 바람결에 비 냄새가 난다. 봄을 재촉하는 비, 빗소리가 요란하다. 마음은 벌써 푸릇푸릇한 봄기운으로 가득하다. 노점상에서 향 짙은 냉이와 달래를 한 줌 샀다. 겨우내 시들한 내 몸이 귀한 먹거리 봄나물을 먹으면 기운이 좀 날 것 같았다.

며칠이 지난 후 살랑거리는 바람결 따라 들길로 나갔다.

따뜻한 햇살 가득한 논두렁에도 달래와 냉이가 봄 향기 폴폴 풍긴다. 달래 한 줌 캐서 얼른 집에 가 달래장 만들어 밥을 생김에 돌돌 말아 먹어야겠다. 따끈한 밥에 참기름 한 방울 넣어 슥슥 비벼 먹을 생각을 하니 마음이 분주해진다. 그 맛이 일품이겠지. 웃음이 난다.

봄 향기 가득한 야생 냉잇국과 달래장까지 곁들이면 혼자 먹어도 환상의 맛이겠다. 한꺼번에 귀한 먹거리로 봄을 다 먹을 수 있겠구나 생각하니 콧노래가 난다. 기운이 절로 날 것 같았다. 달래장에 밥을 비며 먹을 생각에 침이 꼴딱꼴딱 넘어간다.

어린 날 엄마가 해 준 냉잇국과 봄나물 생각만으로도 김이 모락모락, 옛일들이 솔솔 피어난다. 봄날의 아련함이 모두 아름다운 추억으로 봄 아지랑이처럼 피어난다.

향긋한 봄맛에 무거웠던 몸이 부스스하게 봄처럼 뿌직뿌직 깨어나는 듯하다. 부슬부슬 비 오는 날엔 지글지글 고소한 부침개로 그 맛을 잊을 수가 없다.

하늘빛은 내 맘을 먼저 알 터. 봄바람이 리듬을 타고 동글동글한 내 볼을 간지럽힌다. 며칠 전 바닷가를 배회하다 보니 무장다리꽃이 추운 바람결에 피어 있었다. 나에게도 이미 따뜻한 봄이 곁에 머물고 있다.

봄의 언어

변덕스런 봄, 찬바람으로 움츠러진 마음 추슬러 밖에 나가려는데 온 세상은 봄볕으로 마음이 환해졌다. 햇살이 때 이르게 쏟아지자 나른함이 밀려왔다가 도망간다. 봄 향기, 봄의 기운이 온몸으로 와락 안긴다. 익숙한 시골 냄새도 바람결에 코끝으로 스민다. 봄의 향내와 매화향이 뒤섞여 특이한 향기로 바람에 나풀거린다. 더없이 싱그러운 모습, 따뜻한 공기, 마치 바람이 꽃향기를 데리고 불어온 듯하다.

산밭에 매화가 피어 있는 가지마다에 봉긋한 봄꽃이 볼록하게 차올라 필 듯 말 듯하다. 햇살이 따스하여 산밭은 온통 지글지글거리는 일벌들의 날갯짓, 와글거리며 때 이른 봄 마중으로 산마루가 시끄럽다. 귀를 세우고 고요를 뒤흔들어 붕붕대는 일벌들의 몸짓, 팔랑이며 나풀거리는 나비의 봄 날갯짓은 생명의 찬가였다.

살랑대는 바람결과 꽃잎 나부끼는 소리에 나도 몰래 발길 멈추어 서서 꽃을 바라본다. 매화꽃은 마치 잘 튀겨진 팝콘 같다. 산마루 양지바른 매화나무에 꽃망울이 조랑조랑 예쁘다. 아가들의 예쁜 천사들과 흡사 닮았다.

매화나무 아래로 초록빛 양탄자를 깔아 놓은 듯 봄기운이 완연하다. 연초록 풀밭에 잔잔한 풀꽃이 방실방실 조잘대며 봄을 노래한다. 자연의 윤회생사(輪廻生死) 과정이 신비스럽다. 하얗고 보랏빛을 띤 작은 풀꽃, 예쁜 별꽃, 봄꽃이 점점이 피어 풀밭은 밤하늘의 무수한 별꽃처럼 빛났다. 봄의 언어로 봄을 꽃피운다.

이름 모를 풀꽃들 모닥모닥 소복이 피어 꽃동산이다. 흰빛 속살이 바람에 살랑이는 여린 풀꽃들이 살며시 고개 내밀어 방긋 웃는다. 양지바른 그 산밭으로 모아 놓은 액자 속 풍경처럼 삐죽 삐죽 내민 얼굴. 별꽃과 함께 보랏빛 아이 제비꽃도 소리 높여 봄을 노래한다. 아직은 강바람이 차다. 강물빛이 차디차건만 물가는 야생 꽃들의 천국으로 싱그럽다.

길 가다가 저절로 발길이 멈칫거린다. 겨우내 가두어 둔 내 빈 마음 솔솔 부는 바람에 이끌려 나왔다.

추위에 움츠렸던 마음을 봄기운으로 따뜻하게 데운다.

북소 약수터에서 시원한 약수로 목을 축였다. 봄을 닮은 어린 쑥 얼굴도 쓰다듬는다. 봄기운이 흐르고 꼼지락꼼지락 봄이 피어난다.

강가 버들가지 어느새 여린 연둣빛이다. 개나리도 노랑 저고리로 갈아입었다. 봄이 맘껏 펼친 풍경이다. 곧 온 산 가득 연초록으로 물들여질 것이다. 낯선 산골로 찾아가 고요한 고향 같은 봄을 가슴으로 보듬자 마음이 차분하게 가라앉았다. 바람결은 제법 훈풍이 불어온다.

지난가을에 씨 뿌린 삐뚤빼뚤 보리밭, 잘 일궈진 전형적인 산골마을. 가끔 이런 후미진 곳을 찾는다. 연휴는 고향의 그리움이다. 옛것에 애정으로 그리움 가득하기 때문이다.

골짝을 지나 산 넘고 재를 넘어 첩첩산중 임도(林道)를 따라 덜컹이는 길로 향했다. 세찬 바람 불어대는 산마루에 차를 세운다. 산마루는 아직 겨울이나 진배없다. 푸름이 없는 앙상한 나뭇가지 아래로 보이는 꾸불텅한 길들. 미처 발견하지 못했던 무수한 길들은 산의 동맥 같았다. 산 위에서 아래로 옆 끝없는 갈래길이 무수하다. 마치 인체의 혈관을 보고 있는 듯하다.

산마루에서 아래로 본 풍경은 신작로, 기찻길, 큰길, 작은 길 등 실선 같다. 어느 낯선 집 개 짖는 소리가 멀리까지 들린다. 바람에 바스락거리는 소리도 정겹다. 산마루에서 차는 느릿느릿 천천히 달렸다. 쌓인 노폐물도 비워 냈다. 산속 청량한 공기로 채워서 다시 시동을 건다. 길은 여전히 비포장도로로 덜컹이는 차를 느리게 몰았다.

붉은색의 층층이 나무는 하늘을 떠받들고 섰다. 돌아가고자 내려오는 길도 덜컹이며 험했다. 전망 좋은 곳에 차를 세워, 세상 구경 다 한 사람처럼 청량했다. 산속 바람결이 차갑다. 온몸 구석구석 마음이 고요해졌다. 산속을 헤매고 다녔더니 머릿속이 맑아졌다.

하산 길, 골짜기 외딴집에는 매화가 아직 꽃망울이다. 아름다운 두메산골을 오랜만에 헤매고 다녔더니 어릴 적 살았던 고향 마을 같아 발길이 떨어지지 않았다.

긴 침묵으로 문명의 혜택을 덜 받은 산속을 내려오고 보니 현실이 달라 보인다. 혜택을 많이 누리고 사는 것에 이만하면 부족함이 없으니 뭘 더 바라겠는가. 세상이 아름다워 보인다.

봄의 귀로(歸路)

파릇파릇 봄의 기운이 한창이다. 옷깃을 스치던 시린 바람은 꽃바람이 되어 부드럽게 안긴다. 포구를 향해 가는 길목 연초록 들판의 봄 풍경이 내 눈엔 모두 작품이다. 흙냄새가 싫지 않다. 바닷바람이 술렁이는 갯마을에서 맡는 갯냄새가 지친 심신을 위로한다. 연초록을 보면 가슴이 뛰고 나날이 변화하는 자연의 신비를 보니 만감이 교차한다. 산과 들에 파랗게 자란 쑥, 노란 민들레 수수꽃다리, 풀꽃들, 발 디딜 틈 없이 예쁜 봄이 사방으로 지천이다. 설렘을 가득 안고 봄소식을 그에게 편지로 전해야겠다. 우리의 인생은 흐르는 물에 떨어지는 꽃잎처럼 아주 보잘것없는 바람같이 한순간 지나간다. 일상에서 햇살 한 줌으로도 더없이 행복한 봄, 냉이, 봄까치꽃, 유채, 사월의 봄꽃들을 자세히 보면 색감이 예술이다. 내 마음에도 봄이 가득 피어난 듯하다. 억눌린 감정을 섬세하게 조금 풀어낼 수 있는 반나절의 휴식으로 배부른 오후.

바람난 봄처녀 가슴처럼 내 영혼이 춤을 추며 즐거워한다. 고단한 내 손 잠시 접어두고 이 하루를 살랑살랑 불어오는 봄바람에 이끌려 나갔다. 안팎으로 파도치던 혼란함도 시린 마음도 멀리멀리 다 날려 보냈다. 메마른 일상에 찾아온 달콤한 콧바람으로 감동이었다. 몸과 마음이 힘들어 외로움이 밀려올 때면 한가한 어촌마을 작은 포구를 습관처럼 찾는다.

넋 놓고 바람 부는 포구에서서 먼 바다를 쓸쓸히 바라보면 위로를 얻는다. 멍하니 시선을 고정하여 포구에서 또다시 서성인다. 진부한 내 삶을 다시금 단단히 여미는 작업을 습관처럼 하고 돌아온다.

한적한 어촌을 지나 한 여인은 어느새 봄바람을 따라가 또 바닷가를 배회하고 있다. 보잘것없는 처지의 그 여인과 나, 둘은 짠하고 애틋하여 서로의 가슴을 어루만져 준다. 바람이 몹시 부는 쓸쓸한 포구에 가면 바다의 울음도 들린다. 늙은 두 여인은 너른 갯벌이 펼쳐진 갯바위에 앉아 헛웃음으로 서로를 위로하며 그렇게 화들짝 크게 웃는다. 갯바람이 차고 추웠다.

그녀와 동동주를 자네 한 잔, 나 한 잔 권하면서 초라해진 노년의 신세 한탄을 내뱉는다. 애쓴 흔적은 없고 주름만 두덕두덕 훈장처럼 얼굴과 가슴에 켜켜이 붙었다. 서로 처지가 비슷하고 애잔하여 눈물 글썽이며 멀리 있는 바다를 향해 소리를 내질렀다. 인생이 뭐 별것이냐! 잔인한 세월을 인정했다. 얼굴엔 자글자글 이마엔 골 깊은 주름 가득히, 깊어진 볼우물 마주 보며 측은지심으로 고즈넉한 일몰을 말없이 바라본다. 오늘따라 갯벌을 물들인 노을이 유난히 붉다. 집으로 돌아오는 길, 포구엔 어느새 밀물이 갯바위까지 차올랐다.

밀려오는 파도에 몽돌이 사르륵사르륵 마음을 뒤흔들어 댄다. 석양빛을 멍하게 보고 있으면 복잡한 생각들이 많이 덜어진다. 내일은 설레는 아침이 올 것이라며 그렇게. 네 곁에는 고마운 이웃들이 있음을 잊지 말아야 하리.

삶의 여정이 너무 고단했으므로 깊은 위로를 얻는다. 외로운 선창가엔 바람만이 흐른다. 주름 깊은 그와 서로 토닥이며 삶의 애환을 눈과 마음으로 격려하며 노을이 내려앉는 늦은 시간까지 바닷가에 앉아 있었다. 비우고 버리는 것을 무던히 하면서 오늘 이 순간도 충만하다. 설렘 가득 오감을 발동하여 차는 또 부릉부릉 달린다.

사랑하는 이들이 다 곁을 떠나가고 혼자 지나온 세월, 뒤돌아보니 회한뿐, 습관처럼 또 애꿎은 하늘을 올려다본다. 견디기 힘들었던 회한이 이 파도 소리와 함께 밀려온다.

지혜롭지 못하고 우둔하여 문득문득 내 안의 소리에 귀 기울여 성찰한다. 석양빛을 바라보는데 많은 시간이 흘렀으나 그때의 잔영들이 떠올라 와르르 밀려오기를 부지기수. 모든 건 다 때가 있고 시간이 필요한 것이었던 것이다. 홀로 견뎌 온 시간들이 무섭고 버거웠다. 이젠 그러한 시간이 다 지나갔다. 당차지 못한 난 늘 파르르 떨어야 했었다. 혼자라는 이유는 불안의 연속이다. 봄바람에 새소리가 얼마나 아름다운지 짧게 주어진 반나절, 내 영혼이 춤을 춘다. 봄바람은 나를 포근히 위로해 주는 듯하다.

우두커니 앉아 주름진 세월의 흔적이 밀려올 때 더 싫다. 움츠림을 펴고 뻥 뚫린 갯마을로 달려 나오면 약을 먹은 듯 가슴이 거짓말처럼 말랑말랑해진다.

하루하루가 너무 바쁘고 파고를 넘나들었으나 엄마라는 이유로 난 지금 여기에 머물러 있다. 작은 포구에 종종 찾아오면 위로가 된다. 머릿속의 번뇌는 해풍에 훌훌 날려 버리기로 하자. 자유로운 이 영혼은 지극히 평범한 삶의 소중함을 어찌 모르리요.

마음의 일기를 써 내려간다. 하나둘씩 다 떠난 빈 가슴, 자잘한 일상마저 의논할 사람이 없어서 허허로웠던 잔인한 그 세월. 그러나 비우는 만큼 채워지는 게 인생이었다.

해가 저물면 처마 밑의 온기 찾아 돌아갈 집이 있다는 것만으로도 벅차다. 피곤하고 무거운 눈꺼풀, 이 미천한 몸 쉴 둥지가 있음에 그저 감사할 따름이다.

이웃들과의 추억, 성공도 돈도 명예도 부질없다. 회한의 시간이 그렇게 스치고 지나갔다. 아름다운 노을빛 선창가에 서서 내

일은 설레는 아침이 올 것처럼 가슴이 벅차오른다.

해가 저물어 봄바람이 싸늘하다. 빈 마음 부여잡고 텅 빈 집으로…. 잠시 여정의 시간이 삶의 원동력이 된 듯하다.

욕심도 미움도 다 부질없다. 살다 보면 모든 시름이 다 잊힐 때 있겠지.

애증 관계

정신없이 달려온 시간들.

실패와 좌절을 통해 찢기고 갈아 뭉개져 고통을 견디어 살아서 숨 쉴 수 있는 것만으로도 행복하다.

사람을 즐겁게 행복한 향기를 전해 주는 꽃향기.

아무리 예쁜 꽃일지라도 아기 천사의 웃음꽃보다 예쁠 순 없다. 나이가 들수록 행복을 안겨 주는 꽃도 좋지만 자꾸자꾸 아가들의 웃음이 사랑스럽고 예뻐진다.

장성한 두 아들이 아가일 때 밤낮 수시로 아파서 아가를 들쳐

업고 응급실로 달렸던 나의 등자락.

그 아기 천사가 내 품에 찾아와 웃음을 주고 행복의 씨앗을 꽃 피운 사랑의 꽃, 기쁨으로 나의 품에 안겼던 두 아기 천사.

아가는 어느새 늙수그레 어른이 되었다. 내 품을 떠나서 자립한 모습을 먼발치에서 지켜보면 흐뭇하다. 외롭게 세상으로 걸어가는 뒷모습을 보면 힘을 보태주지 못하여 늘 미안하고 짠하다. 이제는 그 아들이 잘 견디어 당당하게 살아가기를 간절함으로, 밤낮 기도해야 하는 어미의 삶.

슬픔이 나를 집어삼킬 듯 서러웠을 때도 있었으나 그의 가슴과 말은 늘 따뜻했다. 온유와 사랑이 넘치던 그의 성품.

우리 가족의 추억 속에 온기가 느껴지듯 생각하면 따듯한 그리움이 사무친다.

오손도손 웃으며 살았던 지난날 생각만 해도 눈물이 그렁그렁 애증으로 깊어간다. 이제 두 번 다시 만날 수 없어 더 그리워하며 사는지 모른다.

님도 떠나고 모두 각자가 갈 길을 찾아 새로운 둥지를 찾아

떠났다. 빈 둥지에 홀로 남아 밤낮 늘 그리워하며 살아야 하는 존재가 되어버린 나의 식솔들.

함께 마주 보며 행복했던 밥상 위의 웃음소리. 마주 앉으면 웃음이 가득 피어났던 행복했던 우리 가족. 오늘도 김치와 된장이 전부인 나의 한 끼. 밥 한 술 입에 들어갈 때면 한 술 함께 뜰 수 있는 온기 가득했던 시절이 더 그립다.

"아가! 집에 언제 오니?" 하며 묻는 어미의 말이 부담된다던 아들, 때로는 먹먹하다. 저마다 추구하는 바가 다 다르기 때문일 것이다.

"아하, 그럴 수 있지." 혼잣말로 중얼거려 보지만 밥 한 끼 마주하고픈 엄마의 생각과는 많이 달랐다. 다 큰 아들은 언제나 천사 같이 순수했던 아가는 성년이 되고 어른이 되었다. 세월이 너무 빠르다는 걸 매번 느낀다. '만약 내가 아프면 아빠도 없는데 장성한 아들이 얼마나 힘들고 외로울까?' 염려했던 내가 부질없다는 생각이 들었다. 괜히 내 가슴만 쓸어내린다. 때로는 외로움으로 선택한 삶을 후회하고, 때로는 행복함으로써 늘 감사하며, 기쁨과 슬픔을 안고 그 길을 끝까지 잘 걸어가리라 믿는다.

혼자 보내는 시간이 익숙해졌다. 처음엔 오롯이 혼자인 밤 시간은 낯설고 두려웠다. 눈앞에 닥친 일들을 해내는 것만으로도 급급했던 지난날. 정신없이 달려오다 보니 혼자 길 위를 걸어야 하는 긴 여행길에 초조와 불안이 사라지지 않는다.

잘 살아내기를 바라면서 지나온 시간들, 누군가의 절실한 도움이 필요했으나 이 또한 자업자득인 걸 생각하면 머쓱하다. 진정으로 자기 자신을 지키기 위한 필살기였으나 지나간 청춘은 바람 같아서 아쉬움만 남았다.

아가일 때 밤낮 몹시 아프던 그 아이.

아가를 들쳐업고 응급실로 달렸던 나의 등자락. 그 아기가 건강하게 뛰놀며 잘 성장하여 이제는 그 아들을 위해 노심초사 밤낮으로 기도하는 삶은 나의 숙명이자 소임이다.

슬픔이 나를 짚어 삼킬 듯 서러웠는데 세월이 약이라 했지. 나는 다시 꽃처럼 활짝 웃는다. 하늘나라 천사가 된 그의 눈빛과 말은 늘 따뜻했다. 큰 가슴을 지녔던 소유자, 천사는 그리움이 되어 님의 잔영이 내 안에 따뜻한 온기로 가득하다.

슬픈 비애(悲哀)

게발선인장이 마치 저승꽃을 상징하듯 주인도 없는 방 안 가득 붉게 피었다. 아무것도 바뀐 것은 없는데 주인만 없었다. 명절날 친정에 갔으나 북적거리던 식구들은 없고 거실 바닥은 냉기로 싸늘했다. 들고 간 작은 꾸러미를 살며시 거실 바닥에 놓았다. 쓸쓸하고 무거운 침묵으로 고요만이 가득한 집안. 늙은 당신의 앙칼진 목소리가 앞산 뒷산 저 멀리 팔공산까지 쩌렁쩌렁하게 메아리쳤던 기억의 빈자리. 맘껏 소리치며 갖은 욕심으로 혈기를 내질러 살던 당신 삶의 무대. 부와 명예, 자식, 편애와 탐욕 등 허울 좋게 갖가지의 수단으로 세상을 사셨지. 하지만 고작 백 년도 못 살고 죽는 덧없는 인생사. 천년만년 살 것 같이 탐욕에 눈이 멀었던 엄마는 자식들이 오손도손 화목하고 우애 있게 살도록 중심에 서야 하는데 그러지 않았다. 재화를 많이 가진 자를 사랑했고 그 결과 저절로 편이 나뉘어졌다. 울 엄마는 돈을 사모했으나 모두 허사요 부질없었다.

그리워하면 할수록 가슴속에는 서럿한 슬픔이 복받친나. 상내방의 말은 아랑곳 않고 본인의 생각이 다 옳은 양 일방통행이던 내 모친의 기질, 지금 돌이켜봐도 속상하고 창피하며 밤잠을 설친다.

그래도 가끔은 좋아하는 손국수를 곱게 밀어 구수하게 끓여줬다. 모질고 억척스런 기질의 여인, 손국수에 애호박도 송송 썰어 넣고 드물게 당신의 정성스런 밥상을 즐겨 먹었던 기억들, 새삼 저녁연기 피어오르듯 생각이 난다.

지난날 어린 딸의 고민을 다독여 주기보다는 버럭 육두문자로 소리 지르던 고약한 기억들이 아직도 뼛속 깊이 사무치게 아프다. 기억의 늪은 모정 결핍으로 몸과 맘은 늘 아팠다. 늑막염, 결핵, 또 잦은 면역성 질환으로 아팠으며 병원에 한 달 동안 입원을 해도 한 번 발걸음하지 않은 모질던 의성김씨(義城金氏) 가문의 여인이 바로 나의 모친, 밉고 창피했으며 괴롭고 싫었다. 또한 내 처지는 늘 엄마를 이해해야만 했던 과거, 지울 수 없는 멍자국이 남았다. 여느 어미가 다 그렇듯 자식 사랑 위대하지 않는 이 없다.

모태인 당신과 나, 얽힌 매듭을 풀지 못한 채 이승을 하직하고 말았다. 비참하고 억울했다. 존재감을 잃은 채 혼자 수많은 날을 독백의 시간을 보내야 했다. 누구나 사람의 마음은 간교하며 상황에 따라 시시때때로 변하는 것이 요물인 것이다. 따라서 각기 다르다. 딸아! 너무 미안하다는 말 한마디를 꼭 듣고 싶었다. 그것도 또한 욕심이었다. 당신 홀로 병상에 있을 때 지난 일들을 따지고 물으려 순천에서 대구까지 몇 번이나 갔었으나 끝내 입을 앙다물던 님. 당연하다는 듯이 못 들은 척 눈을 감고 말문을 열지 않았다. 나도 모르게 악다구니를 치며 '엄마가 뭐 저래'! 내질렀으나 할 말을 잊은 채 원통하고 미웠다.

노모가 늙어 표현이 서툴다고 얼버무리거나 변명 따윈 너무 긴 세월, 이해는커녕 용서가 쉽지 않은 존재. 긴긴 세월을 혼자 얼마나 울며 아픈 가슴 부여잡고 발버둥치며 견디었는지 아무도 모른다. 나를 지으신 하느님만이 아셨을 것이다. 하느님은 아픈 나를 보고 얼마나 가슴이 아프셨을까? 외로움과 슬픔을 하느님께 울부짖어 위로를 얻었고 그분 숨결로 살 수 있었으며 당신 품에서 용기와 기쁨을 얻어 가까스로 살아남았다.

작은 위안이라도 얻으려 애썼으나 딸이 어미를 이해해야만 했던 슬픈 비애(悲哀). 살면서 신에게 의지하며 살아야만 했던 내 출생의 비밀, 생각하면 더욱 가슴이 저릿저릿 숨이 막혀 고통스러웠다.

억울했다. 당신이 산으로 이사 가던 날 햇살이 따갑게 청명한 가을. 모친은 따뜻하고 좋은 곳에 새 흙집을 지어 아버지 곁에 둥지를 틀었다. 무덤가는 오솔길에 개똥참외가 따가운 가을볕에 노랗게 익어 나도 모르게 허탈하게 웃었다. 이승에서 꼬인 실타래를 풀지 않고 하직한 당신은 과연 편안하실까? 나는 지금도 그것이 궁금하다.

산으로 가신지 꽤 많은 세월이 흘렀다. 생전의 기억을 더듬자 당신과 난 애증의 강을 건널 수가 없었던 것이다. 독하고 냉정하며 무정했던 도무지 이해할 수 없던 의성김씨(義城金氏) 가문의 여식. 저승 가는 그날까지 딸이 엄마를 이해하고 용서해야만 했던 기막힌 사연, 가슴이 찢어질 듯 아픈 그 세월이 억울하고 야속하다.

엄마의 존재가 무언지? 돌덩이 하나 가슴에 얹고 긴긴 세월을 살아온 그 날들, 미움은 또 다른 적을 낳았고 마음을 병들게 했으며 미움이 자라서 세포를 병들게 한 세월들, 말로 다 표현할 수 없을 만큼 설움과 증오로 몸과 맘이 병들어 무지 아팠다. 나는 돌연변이였던 것이다. 그때나 지금이나 친 혈육들과 나의 정신세계와 마음의 결이 많이 달랐다. 특이한 유형의 가족들 배려와 수궁은 불가사의(不可思議)했다.

몸피가 망가져 가벼워 줄어든 머리카락 수만큼이나 긴 세월 예순이 넘도록 입 밖으로 내뱉지 못했으나, 나의 세포를 갉아먹은 미움, 증오, 분노, 내 안을 지배했던 검은 암덩어리를 몸 밖으로 깨끗하게 토해 버린다. 이젠 아무것도 무섭지 않다. 저승 사람이어도 용서란 쉽지 않았다.

늘 시난고난한 내 영혼과 육신. 어느 날 맏언니로부터 전화가 왔다. 건강 운운하며 안부를 물어왔다. 엄마의 성품을 흉내조차 똑 닮은 모녀지간. 무려 50년 만의 비밀을 엄마도 말하지 않았던 은밀함을 아무렇지 않게 툭 내뱉었다. 대단한 언니인 양 전화로 그냥 술술 뱉었다. 기가 막혀서 수화기를 떨치고 그 순간 자리에 주저앉고 말았다. 여덟 남매 중 여섯째 딸, 계획 없이 생겨난 비운의 주인공 바로 '나'였던 것이다. 낙태를 하고자 독성이 강한 약초를 맨날 삶아 먹었으며, 산에서 뒹굴었으나 죽잖고 태어난 '나'. 전화를 끊고서 엉엉 한없이 서러운 눈물을 쏟았다.

그제야 아픔과 무관심, 갈증, 목마름, 결핍과 증오, 분노 등… 미스터리가 한꺼번에 풀렸다. 죽을 만큼 죽은 엄마가 미웠다. 고통과 서러움, 억울함으로 한동안 몹시 앓아누웠다. 그 말을 나에게 전달한 맏언니, 그 혀는 내 가슴에 칼을 꽂은 거나 진배없었다. 엄마보다 더 무서운 사람, 오열이 멈춰지지 않았다. 아직도 날카로운 그 칼날은 빠지질 않은채 시시때때로 가슴이 아프다

내가 부모를 선택할 수는 없다. 부모는 나를 세상에 나오게

해 준 끈, 그 끈을 끊을 수 없는 것이 자식과의 연이다. 원망, 미움, 분노로 가득 찼던 나, 온전한 용서? 체념, 마음이 시키는 대로 할 것이다. 사랑으로 아껴 주시던 시어른도 친정 부모님마저 다 떠나셨다. 나를 가장 사랑하고 공주 대접을 해 준 남편마저 황망히 떠났는데, 맘에 담아 둬서 뭣하리오?

다 비우고 버려진 빈 마음, 빈 항아리로 살고 싶다.

돈도 명예도 미움도 다 부질없는 일….

늘 환한 웃음으로 나를 사랑해 준 고마웠던 내 사람. 남자는 부인이 죽으면 반을 잃지만, 아내가 배우자를 잃으면 전부를 다 잃는 격임을 뒤늦게 알았다. 배우자를 먼저 떠나보내지 않고서는 홀로 된 미망인을 이해하기란 쉽지가 않다. 얼마만큼 비참하고 참담한지 표현할 길이 묘연하다. 내게 빛이 되어 주던 정이 많고 고마운 나의 사람. 고난과 절망 가운데 불씨를 잘 관리했다고 생각했으나 교만이었다. 주변 상황이 미묘하고 행동이 매우 제한적이다. 선친도, 엄마도, 시어른도, 남편마저 다 떠나신 이 마당에 무얼 더 맘에 담아 두리. 빈 항아리로 고요히 많이도 버텼다. 배우자를 사별한 이후 시댁으로부터 사람대접도 못 받고 배척(排斥)당한 현실, 미망인이라면 누구나 겪어야 하는 필수불가결(必須不可缺)한 로드맵(road map)인걸 뒤늦게 알게 된 뼈아픈 비애. 인생이 평탄하기만 하다면 얼마나 좋을까? 남은 여정이 많이 맵지 않고 기쁘게 잘 갈무리될 수 있도록 애써야겠다.

가을이 진다

햇살이 유난히 맑은 늦가을 아침, 목적지도 없이 작은 가방 달랑 메고 집을 나섰다. 가을빛이 무색할 정도로 가벼운 걸음으로 한껏 부풀었다.

목적지도 없이 무작정 나선 길에 골짜기 언덕에 있는 단감나무밭으로 들어갔다. 나른한 가을햇살에 달달하게 잘 익은 단감, 주렁주렁 탐스럽게 열려 있을 감을 생각하며 달려갔는데 나뭇가지가 휘어질 듯 풍성했을 가을은 지고 없었다. 감 수확을 다 마치고 까치밥만 달랑 몇 개 남았다. 무서리가 내린 아침 공기가 차가워 손이 시리고 곱았다. 분주했을 시골 마을이 조용하다. 잘 모르는 동네를 말없이 걷자 낯설었는지 개들이 컹컹거리며 짖어댔다. 가을걷이가 끝난 겨울 문턱에 마을은 개 짖는 소리만이 둥둥 떠다닌다.

어디선가 고소하고 달큰한 냄새가 풍겨온다. 고구마를 굽는 냄새가 내 코를 자극하며 마을을 뒤덮는다. 냄새를 따라가 군고구마 두 개를 얻어 한 입 베어 물자 얼마나 달달하던지 얼얼하던 몸이 사르르 녹아내렸다. 싸늘해진 날씨, 산간 마을은 더 추웠다. 기온이 뚝 떨어지니 몸도 마음도 더 싸늘해진다.

코로나19로 만만찮게 고군분투해 온 시간들, 일상적인 활동에도 많은 지장을 초래했다. 우리들의 몸과 마음까지 꽁꽁 묶어 소소한 모임조차 불가능했으며 경제도, 수입도 줄어 주머니가 가볍다. 아쉬움이 크다. 누구를 탓할 수 있는 일이 아님을 잘 안다. 코로나 위기를 공감하고 서로를 위로하며 그렇게 살아냈다. 동분서주 내가 어디에 서 있는지 무엇을 하며 지내는지 분별조차 할 수 없었던 것 같다.

어느덧 한 해의 끝자락, 달력이 한 장 남았다.

작년에 이어 올해도 코로나는 우리들에게서 자유를 빼앗아 가고 다시 산불처럼 일어나 코로나 재앙은 우리를 불안 속으로 몰아넣었다. 놀랍다. 언제쯤 마스크 없는 세상에서 살 수 있을까 걱정이 앞선다. 전염병이 난무해도 읽고 글 쓰는 게으름은 거두어야겠구나. 하루하루 더 좋은 작품을 남기려 끈을 놓아서도 안 될 일. 질병에 시달려 우울과 무기력에 빠지는 절망적인 삶을 산다 해도 문학을 하는 나는 한 줄기 메시지를 던져 세상의 어둠을 밝힐 등불이 되기를….

4

행복 플라워

일탈

무릎을 꿇고 감실 안에 계시는 그분을 한없이 바라보자 고요한 침묵 가운데 숙연해졌다.

코끝으로 제대 앞 프리지아의 상큼한 향기가 폴폴 날리며 긴장된 마음을 누그러뜨렸다.

불 꺼진 성당 안은 무거운 정적이 흐른다. 허투루 보냈던 하루하루의 평범한 지난 일상들이 얼마나 소중한 시간들이었는지 새삼 느낀다. 마치 큰 대죄라도 지은 듯 묘한 감정이 뒤섞여 눈물로 회개를 한다. 코로나로 인해 사람들을 기피하고 성전까지 고립시켜 외로움과 우울함마저 엄습해 발길이 뚝 끊겨져 싫었다. 거리두기로 숨 막혔던 일상.

비가 오려는지 스치는 바람결이 비 냄새를 몰고 왔다. 이윽고 봄비가 내려 마음까지 촉촉해졌다. 몽글몽글하게 봄이 핀 뜨락, 성당 마당과 뜰에 화사하게 핀 목련과 벚꽃이 후드득, 내리치는 바람결에 예쁜 꽃잎이 다 질 것을 생각하니 속이 타고 속상하다.

설렘으로 장거리 외출을 했던 터. 작은 일탈이 불러온 큰 행복은 마른 땅에 단비가 내리는 것처럼 얼마나 소중한 외출인지 모른다. 정신이 건강해지는 듯했다. 화창한 봄볕에 가슴 뛰는 일이었으며 활력이 생긴다. 햇순처럼 움튼 봄날 성령의 따스한 기운이 몸속으로 온전히 스며들어 행복한 주말 오후였다. 어젯밤 고속도로를 몇 시간 달려 보고 싶은 아들을 만나러 온 길은 참 즐겁고 행복한 일이었다. 아들의 숙소에 여정을 풀었다. 어떤 형태든 작은 일탈은 지루한 일상을 슬기롭게 바꿔줄 자극인 것이다. 아들은 언제 봐도 싫지 않은 영원한 내 기쁨이며 자긍심인 듯하다. 내 인생 최고의 보배이며 오진 그 자체이다.

숨소리조차 들릴 듯 말 듯 엄숙한 성전에서 이유를 불문하고 긴 시간 혼자 옴짝달싹 않고 고요히 앉아 있었다.

예견된 일상은 아니나 여태까지 살아 있음은 할 일이 많아서 수호신이 지켜주신 것이라 믿는다. 죽을 고비를 여러 번 겪었으나 늘 천사가 보내신 수호신의 도움 때문에 오늘에 이르렀다. 그 긴긴 어두운 터널을 빠져나와 어찌 여기까지 왔는지 뒤돌아보니 아찔하다. 멍 자국으로 얼룩진 가슴은 비에 젖듯 흥건히 젖는다. 그 덕분에 감사할 줄 아는 내가 되었다.

세상이라는 전쟁터에서 하루하루 살기가 급급하여 겨우 이겨낸 일인지 모르겠다. 평화로운 일상을 느끼며 산다는 것이 마치 꿈결 같다. 끝이 보이지 않던 많은 날들, 지나고 보니 마치 해프닝 같다. 고난과 연단은 당신께서 준비한 다 이유와 계획된 일이 있어서 일 것이라 여겨진다.

따듯한 햇살 한 줄기를 보고도 까르르 행복하다. 이젠 호들갑 떨 일이 없기를 간절히 빈다. 친구와 같이 레스토랑에서 근사한 밥 한 끼 먹고 싶다.

새소리, 바람 소리, 꽃물결, 작고 소소한 것들을 보고 있으면 아무 욕심이 없어진다. 내 눈앞에 펼쳐진 살랑대는 들판을 볼 때도 이 평범한 일상이 꿈만 같다. 혹독한 희생이 헛되지 않았으므로 비로소 매일매일이 감사가 넘친다. 바람 앞에 촛불 같은 처지로 전전긍긍했으나 세상엔 공짜란 없다. 하다못해 작은 것 하나까지도 비싼 수험료를 치러야 비로소 얻을 수 있는 것이 세상살이의 이치임을 깨달았다.

더 큰 것은 감당할 수 없을 만큼 고통의 감내를 치러야 했다. 그건 바로 신의 은총이었다. 철이 없어서 그땐 알지 못했다. 내 삶은 늘 풍요로웠다. 소중함과 고마움은 마땅한 줄 알았다. 그렇게 사는 것이 당연한 줄만 알았던 부끄러운 과거. 그럼에도 불구하고 이만큼 단단한 집을 지어 견뎌냈다.

소소한 일상에 바람만 불어도 화들짝 놀라 주저앉았다. 주어진 사명을 숙명처럼 껴안았으나 추락은 지독한 멍에로 남았다. 숱한 세월을 쩔쩔매며 아랫돌 빼서 위쪽 고이고 윗돌 빼서 아랫돌 고여 숨죽이며 살아낸 날들, 난감한 일들이 부지기수, 우둔한 가슴은 부끄러워 고개를 들 수가 없었다. 지금의 이 평화는 당신께서 주신 축복이다. 천만다행, 아무것도 가진 것 없으나 이대로 족하다. 더 채워진다면 좋으련만 욕심이다. 온기를 전하는 복된 사람, 살아 있는 매일 매 순간이 축복이다.

행복 플라워

봄을 기다리는 간절한 마음에 길목 바람이 매우 차다. 저 골목 어귀에서 도란도란 속삭이며 따스한 봄이 찾아올 것을 생각하니 가슴이 콩닥콩닥 설레인다.

불황이란 그늘로 우리들의 마음엔 삭풍이 불고 있다. 봄이 오고 꽃들이 피어도 꽃처럼 활짝 웃지 못한다. 요즘 들어 세상은 점점 삭막해 지고 있는 추세다. 시국이 시국인만큼 그래서인지 씁쓸하다. 쓴 커피 한잔 하고 있자니 달달한 것이 생각난다. 작은 것에 감사할 줄 모르는 사람들의 정서가 무섭다. 가진 것이 많아도 또 겹겹이 껴입고도 추워하며 늘 욕심을 내는지 알다가도 모를 일. 예쁜 꽃보다는 돈을 더 사랑하고, 내면보다는 외모를 더 중요시하는 시대적인 흐름이 싫다.

지난겨울은 몹시 추웠다. 어려워진 경제로 봄이 오길 기다림의 연속이었다. 뼛속까지 시리게 추웠다. 사람들 가슴이 없는 이 시대, 어찌 지혜롭게 태산을 넘을지 걱정이다.

나에게 꿈과 희망이 되어 준 꽃과의 동고동락, 삶에 동반자처럼 맺어진 '꽃'들과의 인연으로 고단했지만 웃으면서 살아온 것이다.

단아함이 묻어나는 하얀 신부를 보듯, 봉긋 물오른 목련은 감동으로 꽃핀다. 쌀쌀한 추운 날에 노란수선화는 예쁜 봄으로 다가와 노랗게 나를 웃게 해 준다. 어느새 노란 봄은 살금살금 내곁에 다가와 있다.

봄꽃은 아주 곱게 단장하여 메마른 가슴으로 안긴다. 따스한 봄이 간절하게 기다려진다. 햇살이 내리쬐고 아이들의 함성과 나무들의 헛기침 소리가 봄을 깨운다.

꽃과 함께 하루를 연다는 건 나에게 기쁨이다. 많은 사람들이 나를 외면해도 언제나 나와 함께 눈맞춤하고 방실거리며 웃는다. 꽃들과 삼십여 년을 함께 먼 길을 걸어왔다.

꽃무리 속에 머물다 보면 이쁜 꽃을 보며 위로를 받는다.

꽃무더기 속에 갇힌 나의 행복한 삶, 몸은 지쳐 있어도 내 영혼은 예쁜 꽃처럼 웃는다. 평화와 인내로 행복을 얻으려, 매 순간 웃음을 잃지 않으려 무진장 애쓴다.

세상에서 가장 예쁜 색 고운 꽃무리에 푹 파묻혀 노년을 아름답게 잘 갈무리할 수 있도록 나직이 속삭인다. 내 삶의 길에서 꽃과 함께 걸어온 소중한 길, 오롯이 내 삶이 더 뿌듯하고 풍요로워질 것이다.

애잔한 속내를 꽃무더기 속에 감추고 묻혀서 사는 게 아마도 내가 걸어가야 할 길이 아닐까 생각하며 묵묵히 걷고자 한다. 흙속에 묻힌 진주처럼 내가 해야 할 일을 다 해내야겠다. 꽃 무덤에 갇혀 숨 막혀 질식할 것처럼 답답할 때도 많았다. 꽃을 만지는 손길이 마냥 행복할 순 없었다. 노동이 고달프고 만족스럽지 못해 버겁다.

많은 이들이 낮아진 나를 외면했다. 꽃과의 인연으로 좌절을 딛고 나를 지켜 준 행복한 플라워 아티스트가 됐다. 꽃처럼 기품 있고 행복한 삶을 살아내는 것이 숙제이며 내 몫이다.

번뇌를 벗 삼아 꽃과 나무들과 함께 어울렁더울렁 그렇게 살고자 한다. 비록 꿈을 펼치진 못했으나 이만큼의 결실도 뿌듯하며 감사할 따름이다.

잿빛 삶 속 고뇌가 걷히고 나면 얼굴에 함박웃음 가득할 것이다. 꽃향기 멀리멀리 날아 향연이 하늘에 있는 님에게까지 상달되기를 간절히 빈다. 절망의 나락에서 쓴맛을 본 아린 가슴, 꽃은 인생 제3막을 열어 준 예비된 일이었다.

꽃을 파는 일은 가족의 생계수단을 위한 소득 창출이며 나의 영원한 직장이다. 내 영혼까지 꽃이 피었으면 더 좋겠다. 새봄 벌 나비 날아와 가슴으로 안기듯 기쁨과 행복으로 꽃을 전할 수 있기를…. 봄이 오면 꿈과 희망으로 멋진 새 출발을 해야겠다.

내 인생에도 지독한 추위는 물러갔다. 대지를 휘감은 따스한 날이 머잖아 곧 올 것이다. 경이로운 봄, 생각만 해도 가슴 벅차다. 날개를 한껏 펼치며 다가올 봄, 마침내 좋은 징조이다.

청아한 개울물 소리가 들리는 듯하다. 햇살 비추는 개울가 버들가지에도 봄이 움튼다. 시간을 초월한 듯이 꽃 무덤에 마음을 가두고 어지러운 날들을 잊고자 안간힘을 쓴다. 사철 푸른 소나무처럼 소박한 꿈을 꾸는 난 쉼이 무척 그립다.

움이 가장 먼저 트는 버들가지로 수반에 정갈하게 꽂아 정적인 면과 동적인 면을 표현하여 감상하는 것도 이 봄에 한번 해 볼 만하다.

투명한 유리병에 향 수선화를 가득 꽂아 봄을 만끽해도 행복한 일이다. 탄생은 경이로우며 신비하다. 내 삶의 길에서 만난 하나하나 소중하지 않은 것 하나 없다.

사람들의 마음은 양파 껍질처럼 겹겹이 벗겨도 도무지 알 수 없다. 놀란 가슴 쓰다듬는다. 축복과 기쁨은 봄바람에 사뿐히 걸어와 환희로 안길 것이다. 작은 꽃다발 하나도 정성으로 만든다. 꽃과 함께한 날들, 무엇과도 바꿀 수 없는 긍지와 보람을 느낀다. 용기를 잃지 않으련다. 동고동락 같이한 꽃길, 아리랑 고갯길 같은 인생길, 꽃피워 향기 나는 여인의 삶이길. 병든 세상보다 꽃 같은 세상에서 산다면…. 봄을 기다리는 나의 희망. 희망은 욕망보다는 신선하다. 남녘의 봄이 실룩실룩 웃음꽃을 피울 그날은 언제일까? 어머니의 미소 같은 따스한 봄을….

꽃을 바라보면
마음이 미소 짓습니다
정갈한 수선화
곱게 피어
먼 데까지 향기를 날리는
한 송이 꽃처럼
나도 나도 만나는 이들에게
사람의 향기 전하는
선한 마음 고운 마음으로
곱게곱게 살고 싶어라

삶의 여정, 꽃

어떤 미련이 있어서 아쉬워서 혹은 그리워서 자꾸만 뒤돌아보게 되는 시간이 잦다. 어느 쪽이건 뒤돌아보는 시간으로 자꾸 멈칫거린다. 사람마다 모퉁이가 없는 삶은 없다. 누군가는 지나간 시간을 애써 잊으라 한다. 삶에서 잠시 바지춤을 가다듬으며 바삐 달렸던 지나간 시간들, 순간순간 숨을 가다듬는다. 차분히 외출을 준비하는 아침이 좋다. 하던 일 멈추고 홀로 서울행 버스에 몸을 실었다. 멍하니 굽이굽이 사연 깃든

'삶'을 눈 감고 되뇐다. 언제나 어쩌면 혼자라는 이유로도 설핏 주눅이 들 때가 많았다. 외로움과 어색함, 익숙해질 때도 됐는데 두려움이 속삭일 때는 무섭다. 민숭민숭 맹물 같은 삶이 아니라 사람마다 고난과 아픔의 총량은 비슷하다. 하지만 저마다 결이 다 다르다.

여행도 낭만도 즐기면서 잡다함을 털어버리려 홀로 서울행에 몸을 맡긴다. 오롯이 나를 위해 깊은 심호흡을 한다.

복잡한 대도시에 가면 혼자여도 적당히 희석되어 즐길 수 있다. 뚜벅뚜벅 걸어 서울 양재 꽃시장에 가서 부지런히 예쁜 꽃들을 눈에 담는다. 꽃에 둘러싸여 나무 한 그루 화초 하나하나 볼거리 즐길 거리를 놓치지 않고 가슴에 쓸어 담았다.

꽃향기에 둘러싸여 자연의 기운을 느끼며 꽃시장에 가면 생동감으로 활력이 넘친다. 그곳은 언제나 인산인해를 이룬다. 심심할 틈이 없는 화훼 업주들. 그야말로 꽃 천국이요 볼거리가 넘쳐 눈이 호강한다. 아래 지방과는 풍경과 느낌이 사뭇 다르다.

시끌벅적 소란한 사람들의 모습은 생글생글하여 웃음이 꽃같이 예쁘다. 나도 봄 처녀가 된 듯 콩닥콩닥 설렌다. 꽃이 좋아서 꽃꽂이에 입문하여 일을 시작한 지 어언 35년의 세월. 꿈을 이루지는 못했으나 이 또한 나에게 주어진 운명이라면 담담히 걸어갈 것이다. 낡은 기억들이 가슴 한가득 파노라마처럼 스치고 지나간다. 꽃이 좋아서 꽃 일을 한 계기가 된 오래된 기억들의 방, 켜켜이 쌓인 삶의 한 모퉁이가 소름끼친다. 예기치 못한 성난 파도는 이제 그만 밀려왔으면 좋겠다는 간절한 희망사항이다. 내 인생에 또 다른 돌풍이 불어닥쳐 넘어지지 않기를, 마음 졸인 일들은 기우(紀憂)이길 빌어본다. 이젠 이 고단함이 덜어져 지나간 일들은 다 아름답게 추억하고 싶다.

어느 시점인지 꽤 높은 지점에 다다랐을 즈음 나름 자긍심이 대단했다.

그러던 어느 날부터인가 많은 사람들 발아래 짓밟히고 짓이겨진 이가 바로 초라한 자신임을 알았을 때 세상이 너무 가혹하고 잔인했다. 피할 수 없으면 즐겨가며 그렇게 살아야만 했던 젊은 날, 가난은 생각보다 훨씬 더 냉혹하고 잔인 그 자체였다. 곧 돈의 속성이다. 각자 나름대로 멍에는 있다. 마음 둘 곳 없어 발버둥 쳤던 날들, 맘껏 제소리 한 번 못 내고 숨죽여 살아온 일망

무제(一望無際)의 가혹한 시간들은 아팠다.

석양이 아름다운 와온* 바닷가에 서서 수평선을 물들이는 경이로운 일몰을 바라보며 종종 멍때린다. 붉은 노을을 지켜보며 미망인의 외로운 가슴에도 눈물방울이 검붉게 물들였다. 홀어미가 되어 본 자, 아들을 그 길로 보낸 어미만이 알 수 있는 언저리. 외로웠던 긴 시간 위로 해가 뜨고 진다. 불편한 진실도 이제는 두렵지 않다. 삶이 지쳐 있을 때 눈물을 닦아 준 지인들의 따뜻한 손길을 어찌 잊으리.

숱한 얼굴이 두둥실 떠오른다. 피곤에 찌든 몸뚱아리 이끌고 목욕탕으로 향했다. 가만히 앉아 숨 쉬는 자체만으로도 감사하다. 일상으로부터 탈출을 꿈꾸며 달착지근한 와인을 홀짝홀짝 마시니 더할 나위 없다. 인생길에서 꽃을 만나지 않았더라면 지금의 나는 어떤 모습으로 변해 있을까? 꽃이 있어 웃을 수 있었고 꽃이 있어 지고지순(至高至純) 예쁘게 늙어간다.

*와온: 전남 순천시 해룡면 해변.

지친 이웃의 신음소리

코로나19 바이러스로 우리들의 일상이 좀먹어가고 있다. 각자 고립된 처지에 놓인 삶이다. 마치 죄인처럼 은둔의 시간이 길어지고 매일 조금씩 지쳐간다. 소규모 자영업을 하는 한 사람으로서 아무 소리도 낼 수 없는 처지로 숨이 목구멍까지 차오른다. 한 번도 경험해 보지 못했던 코로나19, 세계적으로 유행하는 감염병의 경보단계는 6단계까지 급속히 높아져, 무너져가는 일상 속에서 사람들은 공포에 떨고 있다. 1968년 홍콩

독감, 2009년 신종플루 이후 2020년 코로나19 등 일종의 독감 바이러스가 수많은 사람들을 사망에 이르게 하며 무서운 속도로 번져가고 있으나 속수무책 답답할 뿐이다.

이토록 감당할 수 없는 시련은 무엇으로부터 비롯된 것일까?

나 어릴 적에는 매일 맨발로 뛰어다니며 흙 속에서 자랐다. 흙으로 밥을 짓고, 풀을 짓이겨 만든 반찬을 돌에 담아 먹는 시늉의 소꿉놀이를 하며 자랐다. 냉장고, 세탁기, 에어컨 같은 가전제품은 구경조차 할 수 없는 세상이었다. 승용차는 언감생심 바랄 수조차 없어 학교도 수십 리 길, 산길을 걸어서 다녔다. 돌이 많은 신작로를 뜨겁게 달구던 뙤약볕에 까맣게 그을리며 학교를 다녔던 6~70년대 우리들의 어린 날이 주마등처럼 스치고 지나간다. 가난했던 시절, 문명의 개발이 흔치 않았던 시대, 흙 속에서 자라던 나의 어린 시절, 지금처럼 무서운 질병은 흔하지 않았다. 그때도 장티푸스, 콜레라, 홍역 같은 무서운 질병이 있었지만 예방접종만으로도 퇴치가 가능했다.

그런데 지금 지구촌은 최고의 의료기술로도 감당이 어려운 코로나바이러스에게 연속적으로 위협당하면서 불안한 삶이 이어지고 있다. 면역력이 허약한 노약자는 물론이고 젊은 사람들까지도 사망자가 속출하는 세상이 무섭다. 마스크를 쓰지 않고는 밖을 나갈 수 없는 세상이 답답하고 싫다. 마스크를 쓰고 거리를 두면서도 서로를 경계해야 하는 일상에 우울증으로 무기력해진다.

과학이 발달함에 따라 인간들의 삶은 더욱 편리해지고, 넘치도록 많이 풍요로워졌다. 그런데도 인간들은 만족할 줄 모르고 더 많은 것을 추구한다. 코로나19라는 병은 결국 인간들의 더 많은 편리와 풍요를 위해 끊임없이 망가뜨리는 이기심과 욕심에서 비롯된 것이 아닐까?

남극과 북극의 만년설 거대한 빙벽이 녹아내리고 있다. 지구가 점점 더워지고 있기 때문이다. 얼음산이 녹아내리는 다큐 속에서 오랜 시간 동안 생명을 이어오던 생명체들이 살 곳을 잃어가고, 먹을 것을 찾아 헤매는 것을 보게 된다. 점점 물속에 잠기고 사라지는 땅, 그곳에서 보금자리와 먹이를 잃어가는 북극곰과 같은 생명체들, 지구는 인간에게 자연을 통해 갖가지 형태로 무언의 메시지 '경고'를 해 온다. 그러나 인간은 지구가 보내는 아프다는 신음과 경고를 잘 알아차리지 못하고 있는 것이다. 알아차리라는 신호인 지구의 끙끙 앓는 신음 소리를 인간들이 무시하고 있었는지도 모른다. 결국 지구가 더워짐에 따라, 곳곳에서 구멍이 뚫려 바이러스가 날로 극성을 부리는 것인지도 모를 일이다. 햇살을 받으며 영롱한 빛을 발하던 얼음산도 가까이서 보면 더욱 영롱하고 아름답다는데….

버려야 할 것은 일회용품이 아니라 우리들의 이기심이 아닐까?

이제는 돌아보아야 한다. 우리들의 나 하나쯤이야 하는 이기적인 사고가 지구를 더 망치고 있는 것은 아닌지, 그로 인해 살아있는 모든 것들이 변하고 환경도 변하여 지독한 변이바이러스가 더 극성을 부리는 것은 아닌지 돌아보아야 한다.

지난 2년 동안 지구촌은 코로나19 바이러스로 인하여 세계적 경제 파탄 지경에 이르렀다. 인간답게 살고자 갖은 노력을 해 오고 있으나 바이러스는 또 다른 형태로 변이되어 더 극성이다. 모든 것은 사람들의 이기심으로부터 비롯된 것이라고 본다. 자연의 생태가 파괴되면 바이러스는 죽지 않으려 갖은 애를 써서 새롭게 인간을 더 괴롭힐 것이다. 언제쯤 마스크 없는 세상이 다시 오려는지 도무지 알 길이 없다. 희망사항일 뿐이려나.

팍팍해진 살림살이에 서로 많이 지치고 힘든 날들의 연속이다. 소비심리까지 꽁꽁 얼어붙어 걱정이 더 늘었다. 예방수칙을 잘 지키고 대처해 보지만 좀처럼 회복이 쉽지 않은 어지러운 난국에 모두 지쳐간다. 고통의 아우성이 곳곳에서 들려온다. 이 공포가 언제쯤 끝이 날까? 수많은 자영업자들의 가슴이 농 짙게 곪아간다. 누구도 하루살이의 고달픈 눈물을 닦아주지 않는다는 사실, 내 눈물은 내가 닦아야 되는 것이다. 정부도 소상공인들의 눈물을 닦아주기 위해 노력하지만 빈말로만 느껴질 때가 많다. 코로나19 바이러스 전쟁이 빨리 멈춰지면 참으로 좋겠다. 골방에서 쓰디쓴 소주와 노가리 수십 마리 질겅질겅 씹다가 한숨과 신음 소리를 내봐야 메아리만 들려올 뿐 시름은 오늘도 깊어진다.

이 고비만 지나가면 우리 자영업자들도 웃으며 살 수 있는 날이 오려나?

바람꽃

아침에 눈 뜨면 온종일 꽃들과 씨름을 하며 퇴근하고 집으로 돌아와 씻지도 못하고 쓰러진 고단했던 시간들. 주어진 사명을 완수해야 할 몫이었다. 그럼에도 불구하고 역경을 헤치고 살아낸 것이 은총이며 축복이다. 고난을 비껴갈 수 없었던 혹독한 시간들. 고난과 역경은 나와 내 자녀들에게 무척 슬프고 고통스러웠던 세월이었다. 고난은 고통이고 좌절이며 불안하고 두려워 너무 피폐하고 지치게 했다.

또 가난이란 고난을 통해 재물과 인간관계 혈연 등 잃은 것이 너무 많다. 하지만 내가 낮아지고 철이 들면서 얻은 것도 많다. 그저 감사할 따름이다. 가진 것보다 없는 것이 많아 가난했으나 기쁨으로 풍요롭다. 험한 삶이 바탕이 되어 보는 안목이 생겼는 듯 세상을 관조하고자 한다. 마음은 봄날이다. 내 인생도 따뜻해져 간다. 봄길 저 끝에 가면 바람꽃이 기다리고 있을 것만 같다.

계절을 느낄 때에 우리에게 전해 주는 청량한 바람과 자연의 소리는 분주한 일상을 도피시켜 주는 너그러움인 듯 좋다. 하던 일을 멈추어 먼 산을 바라보면 살아 있다는 것이 참 행복이다. 희로애락을 함께 했던 사람, 내 곁을 떠난 따뜻하고 인자했던 그의 얼굴이 자꾸 스친다.

가슴이 답답하여 죽을 것만 같을 때는 무작정 운전대를 잡고 길을 나서면 조금 해소가 된다. 역마살이 도진 내 운명, 정신을 가다듬어 계획도 없이 무작정 길을 떠난다. 해는 서산에 기울어 깊은 산골 마을 굴뚝엔 저녁 연기가 모락모락 핀다. 매서운 바람이 쌩쌩, 쭉쭉 뻗은 발가벗긴 나무들을 보자 답답함이 좀 가라앉는다.

계곡 물소리에 내 마음이 녹아든다. 큰 항아리들이 무질서하게 놔져 있으나 색다른 풍경화다.

사람보다 더 큰 항아리도 많다. 깊은 골짜기에 사방 집채만 한 바위들이 터줏대감처럼 곳곳을 똬리 틀어 산 지킴이처럼 앉았다. 금방이라도 데굴데굴 굴러내릴 듯한 자태가 참 신기하다.

죽을힘을 다해 홀로 살아온 세월이 참 많이 흘렀다. 부끄러운 어미가 되지 않으려는 절실한 무게감으로 맘껏 웃지도 못했다. 두 아들을 잘 키워야 된다는 '몫'이 나에게 주어진 과제였다. 예민해진 나는 가끔 잠깐이라도 아들의 얼굴을 마주하면 비로소 안도의 한숨으로 그 밤은 꿀잠을 잤다.

고뇌 속에서 보낸 세월 어찌 견뎠는지 씁쓸하다. 좌불안석(座不安席)의 날들 뒤돌아보니 제법 단단해졌다. 무탈한 아들의 모습을 보면 안도의 한숨으로 기쁨은 배가 되어 웃을 수 있었다.

전쟁 같은 날들의 연속으로 생존을 위한 삶은 적잖은 충격이었다. 내려놓고 내어줌으로써 이만큼 야물어졌다. 시시때때로 동동거리면서 동분서주 버텨낸 날들을 떠올리면 현기증이 난다. 하늘이 하는 일은 무섭고 두렵다. 집채만 한 큰 폭풍우를 만나면 내가 가진 모든 것을 싹 쓸어버린다. 여인 홀로 세상을 살다 보니 앞이 캄캄하게 보이질 않을 만큼 일이 많다. 거센 비바람을 피할 수가 없어 억수비를 흠뻑 맞아야만 했던 아픔, 벼랑 끝에 서서 구원의 손 내밀어봤으나 대부분은 모른 척 회피하던 사람들. 절망으로 망연자실 주저앉아 울고 있을 수가 없었다. 절망과 좌절이란 감정을 아들이 보는 앞에서 나약한 모습을 보일 수가 없었다. 내가 타고난 성정(性情)이 난폭하거나 모질지 못하다. 참고 인내하며 할 수 있는 건 오직 기도뿐이었다.

파도가 수천수만 번 밀려와도 눈 질끈 감고 감내해야 했던 나의 운명이자 '사명'임을 감지했다. 그럴 때마다 하늘에 의지하여 기도로 하루를 열어 묵주알을 굴리다 말고 잠들기를 부지기수.

삶이 여기까지 흘러오기까지 수많은 시행착오와 돌에 걸려 넘어지기를 거듭하며 뒤죽박죽으로 살았으나 지혜도 생겼다. 긴 여정의 시간들 나의 청춘도 겅중겅중 지나가 버렸다. 먹고 사는 게 바빠 아무것도 안 해 놨는데 바람처럼 지나갔다.

봄날

따뜻한 햇살이 유난히 맑은 화창한 날. 내 등 뒤 햇살이 움츠린 몸과 마음을 위로해 준다.

훈풍 부는 사월의 한낮에 바라본 강물 위로 차르르 봄이 왔음을 알린다. 봄은 화들짝 벚꽃이 흐드러지게 피어 보는 사람들의 얼굴에도 발그레한 미소가 가득하다.

길고 긴 겨울이 언제 사라질지 아득하기만 하더니 이렇게 따스한 봄이 가만히 몰래 습격한 듯이 곁을 찾아왔다. 도심 한가운데를 가로질러 산책길 동천(東川) 큰 강물이 유유히 흐른다. 달밤

야경이 아름다운 천변에 야시장이 열리는 곳, 봄처럼 사람들의 마음이 풍요로운 그런 세상에서 즐겁고 보람된 시간을 보내면 삶의 활력을 얻을 수 있을 것이다. 사월은 잔인하리만치 일교차가 변덕스럽다. 봄처럼 아름답게 꿈꾸듯이 그렇게 살고 싶다는 소망이 가슴에서 맴돈다. 넓고 긴 천변에 어리고 예쁜 토끼풀이 연둣빛으로 방긋 웃는다.

날이 저물자 어찌된 일인지 마음이 편치 않다. 출근길에 만난 푸른 동천의 여린 풀빛들, 햇살에 비친 수채화 같은 동천이 눈앞에 아롱거린다. 눈 감아도 일할 때에도 망아지처럼 봄이 저만치 달려가 버릴까 봐 조바심이 인다. 마음이 머무를 수 있는 길로 바람에 이끌려 길을 나섰다.

시원한 바람을 가로질러 싱그러운 봄을 만끽하며 발길을 멈췄다. 볼을 스치는 바람결에서 봄의 상큼한 향내가 좋다. 벚꽃이 방실방실 활짝 피어 한바탕 꽃대궐을 이룬 꽃길. 밤새 봄비가 쏟아지던 날 새벽, 벚꽃이 후드득 힘없이 다 떨어져 봄비가 너무 얄미웠다.

며칠 전 촉촉이 가만가만 봄비 내리던 날, 빗속을 걷고 싶었지만 마음뿐 또 그렇게 봄날은 간다. 눈앞에 펼쳐진 싱그런 봄에 나는 소녀처럼 행복했다.

주일 해거름녘 뚝방길에서 운동하는 사람들을 물끄러미 지켜봤다. 눈은 즐겁고 발걸음도 경쾌하다. 타박타박 비포장도로를 걸으며 봄 향연에 발길을 멈췄다.

꽃물결 일렁이면 여인의 마음도 함께 살랑거리며 춤을 춘다. 물기 머금은 새싹이 한 잎 두 잎 기지개를 켜고 수줍은 얼굴을 뾰족이 내민다.

곧 다가올 오월은 라일락 향기가 진동한다. 봄비에 떨어져 짓이겨진 꽃잎처럼 나도 함께 조락해간다. 매력이 넘치는 계절, 봄은 아무 일 없었던 것처럼 소생하여 꿈틀댄다.

동천 그곳에 가면 출렁이는 강바람과 훈풍이 불어 인파가 늘 북적댄다. 천변을 따라 걷다 보면 다복했던 과거를 회상하며 그리움이 밀려든다. 독백으로 흐르는 강물빛을 바라보며 얽히고설킨 시름을 애써 잊으려 한다. 어제의 일들을 회상하면 어느새 눈가가 젖는다. 홀로 지낸 지 꽤, 내 안부를 물어오는 이 없어 외로움은 번번이 틈을 비집는다. 따뜻한 커피 한 잔을 건네며 위로

해 줄 이 없어 우울함이 들락거린다. 언제라도 꽃 웃음 피우는 봄으로 살았으며 진짜 좋겠다. 물줄기를 바라보며 눈은 시원하고 즐거운데 소중했던 사람의 향기가 문득문득 바람결에 스친다.

감당하기 어려운 순간순간들 헌신했던 날들의 분노가 나를 지탱하게 하는지도 모를 일. 이 좋은 봄날 에너지가 솟구치고 새롭다. 이 자리에 아무렇지 않은 듯 머물러 있는 현실, 꿈인지 생시인지 상상조차 어렵다. 도심을 가로질러 온갖 꽃들과 나무는 축세의 장이다.

따뜻한 마음이 온몸으로 전해져온다. 어디에 살든 간에 만족할 순 없었다. 잘 살 수 있으려면 무릇 욕심을 내려놔야 하는 것이리라. 팔팔한 노년을 위한 행운을 기도로 청해야겠다.

처지를 한탄하기보다는 매사에 감사하며 물 흐르듯이 살면 다 좋아질 것이다. 섬뜩한 일이 닥친다 해도 기꺼운 마음으로 이유가 있는 것이라는 긍정으로….

욕망의 바다

지나간 몇 년은 우리 가정과 나의 삶을 엄청난 고초로 더욱 원숙한 중년으로 변화시켰다. 하여 빈 마음으로 도를 닦는 자세로 살며 일탈하지 않으려 무진 애쓴 흔적이 요거다. 주변의 정황들로, 빈부의 척도로 상대적인 박탈감을 느낄 때가 한두 번이 아니다. 감히 흉내낼 수도 없지만 자존감이 낮아져 할 말을 잊는다.

부가 반드시 행복의 탑승 열차라고 말할 수는 없으나 일생 필수조건이다. 그들의 대열을 생각하면 나는 파랗게 질려 말문이 닫힌다. 이웃의 축복을 볼 때 인정을 하고 박수를 쳐줘야 한다. 난 한없이 작아진다. 존재감마저 박탈당하는 기분은 말로 다 형용하기가 어렵다. 때로는 씁쓸해지고 가슴이 아파서 서글픔이 밀려든다.

세상살이가 공짜로 그냥 얻어지는 건 하나도 없다.

인간의 속성은 점점 타락과 몰락으로 치닫는데 물질의 풍요는 차고 넘친다.

남모를 아픔으로 혼자 삭인다. 삶을 뒤돌아보면 때는 늦었으며 모든 일은 다 내 탓, 씁쓸한 속내를 감춘다.

돈을 많이 가졌다고 하여 많은 만큼 행복한 건 아니리라. 없는 자보다야 더 윤택한 풍요를 누리겠지. 많이 가져보질 못하여 그 척도를 알 바가 없다. 많다 함은 삶의 질이 훨씬 윤택하다는 것은 기정사실이다.

이 사회가 인성은 뒷전이고 점점 죄악과 물질만능주의 추세인 현실이 무척 안타깝다. 부족했으나 웃음이 피어나던 우리 집. 풍족하진 못해도 만족하고 감사할 줄 아는 나와 아이들.

나이가 보태질수록 더 늘어나야 할 호주머니, 지갑이 가벼워져 난감할 때도 있다. 어떻게 어디서 누구에게 위로를 받으며 맘을 다스릴까. 남의 일이 아니다. 살다 보니 억장이 무너질 때도 부지기수. 부자라는 것은 이제 나와는 무관하다. 먼 나라 전설처럼 아득한 일이지만 맘은 홀가분하다. 씁쓸함이 좀처럼 삭여지지가 않는다.

점점 말수가 줄어들었다. 매몰차고 매운 쓴소리도 체념하고 비우는 연습을 밤낮 해 본다.

갑작스런 혼란함이 산고를 겪는 고통처럼 낮아진 내가 싫다. 마치 직장 잃은 실업자처럼 멍하다. 허탈함 배신감. 망연자실로 넋을 잃었던 바보 같은 엄마의 삶, 숙명이겠지. 의연한 척 피할 수 없는 스트레스는 송곳으로 찌르는 듯 아팠다. 그럴 땐 흑암으로 고개를 들 수가 없다. 나의 안식처는 산산조각나 슬퍼할 겨를도 없이 생업에 뛰어들어 꽤 세월이 흘렀다. 인생은 결코 우연으로 결정되어지지 않는다. 경험으로 비추어 볼 때 되지 않는 일도 있었다. 곧 내 뜻이 아니라 하늘의 뜻이었던 것이다.

자유로운 영혼으로 소박한 꿈을 꾸던 지난날. 지친 심신으로 고독한 외로움을 즐긴다고나 할까. 호사스런 행복 따윈 꿈꾸지 않는다. 주어진 환경을 탓하지 말고 물 흐르듯이 현실을 잘 헤쳐 나가면 또 다른 문이 열릴 것이다. 비우고 내려놓으면 겸손과 검소, 인내로 오롯하게 살 것이다.

누군가가 "내가 가진 것을 전제로 현재를 부유하게 느끼는 법을 터득하라 그렇지 않으면 늘 마음이 가난하다"라고 말했다.

살면서 가진 자들 앞에서 기죽고 주눅 들어 할 말을 잊어 본 경험은 아프고 맵다. 자신이 초라하고 낮은 자라지만 아들들에게 본이 되는 엄마이어야 함을 잊지 않는다. 신분의 차별도 마땅하며 사람들은 권력을 가진 자와 부자는 맘대로 못한다 했다.

제일 먼저 가난하고 학벌이 낮은 자를 쉽게 밟아 짓이긴다. 세 치 혀로 잘근잘근 씹는다. 쓴 물이 올라와 구역질이 난다. 허다하게 보고 또 경험한 일들이다. 빈손 빈 주머니여도 당당했으나 정말 초라하게 느껴졌던 순간, 이미 새로운 기사들이 둥둥 떠다니는 경험은 비수였다. 뒤통수가 뜨겁다. 다 산산조각이 난 빈 몸뚱이로 살았지만 오히려 지금이 행복하다. 사람들은 비싼 옷, 좋은 차, 좋은 집 등 겉모습으로 보아 대접이 다르다. 많이 놀라움을 금치 못한다. 그래서 그렇게 부를 축척하려 안간힘을 쓰고 또 갖은 술책으로 밟고 또 짓밟기를 일삼는다. 두 아들과 남편이 내 곁에 있음을 최고의 행복으로 알고 살아왔으나 영원한 것은 없으며 결코 우연이란 없다. 인간들의 욕망이란 바다는 어디까지인지 도무지 알 수 없다. 사람들이 무섭다.

바람 소리를 듣고 달빛만 보고도 행복해하며 순박했던 나는 보잘것없다. 나약한 한 여인으로 쉽지 않는 삶을 산다.

저녁 어둠이 내리면 때때로 비애감이 밀려와 더욱 말이 없어진다. 사는 게 무의미해질 때도 부지기수, 어질고 착하게 사는 미덕으로 살았으나 바보 공주는 은신 중이다.

삶이 지치고 무겁다고 느껴질 때 가끔 오일장이란 바다에 삶이 파닥거리는 구경을 한다. 한평생 질펀한 장돌뱅이들의 일상을 물끄러미 지켜보면 에너지가 불끈 장돌뱅이로 먹고사는 저들, 그들의 돈이 왜 구린지를 알 것 같았다. 위안을 얻어 돌아온다. 녹록지 않은 삶 가운데 웃음을 잃지 않으며 파닥이는 고단함을 내려놓는다. 가난은 사람을 명석하게도 하고 처절하게도 한다. 삶의 현장에서 용기를 얻어 돌아오는 길은 푸근하고 넉넉했다. 비린내 나는 돈을 침 탁 뱉어 헤아려 허리춤에 묶인 전대(纏

帶) 속으로 쑤셔 넣는다. 생선가게 아짐은 목젖이 보이도록 호탕하게 웃는다. 나도 같이 따라 화들짝 웃었다. 기죽지 말고 본래의 내 모습으로 살자며 바지춤을 들썩였다. 출출한 빈속을 뜨끈한 국밥 한 그릇으로 속을 데워 세상 시름 잊는다.

밥은 몸을 번다고 했던가. 먹고 사는 일에 급급하여, 먹고 사는 일이 제일 귀하고 중하다는 말, 옛말인 듯하다. 세상 무서운 줄 모르고 날고뛰던 내가 안팎에서 깨지고 부서져 내 안이 산산조각이 나 볼썽사납다.

무얼 알 것도 같은데 도무지 원점인 걸 보니 감당할 일이 또 남았는지 모른다. 점점 작아지는 일을 멈추어 온 마음을 다해 간절히 기도에 힘써야겠다.

행복해지는 연습을 하자. 작은 대로 크면 큰 대로 감사함을 잊지 말자. 마음 비우고 산다는 것이 그리 호락호락하지 않다.

하루를 정리하며 좋은 기억들을 더듬어 곤한 여정을 푼다. 지인들과의 좋은 기억들을 주머니에 담고자 애써보자. 좋은 기억들은 돈으로 살 수 없는 것, 그저 담담할 따름이다. 쉬운 일이 아니다. 저들의 포장된 모습까지도 축복을 빌어주자. 육체는 밥으로 채워진다. 그렇듯이 정신적인 욕구도 채워야 자율신경이 행복해진다. 아름다운 것을 보면 경직된 의욕도 꿈틀대고 다양한 양서(良書)로도 양식을 채워야 잘 살 수 있다.

세상이란 바다에 사람꽃이 없다면 얼마나 삭막하고 밋밋할지 상상만 해도 재미없는 일이다.

부모가 자식 사랑이 당연한 것, 가족이란 혈연이 더 우선 소중하다. 능력 부족인 자신이 부끄럽고 모순투성이의 인간관계가 싫다. 태연한 척 해 보지만 속내는 욕망마저 자멸한다. 질투와 욕심으로부터 비롯되는 자아는 스스로 불행을 자초한다.

사람 관계가 지나가는 구름일 뿐, 허기진 내 영혼의 탈출구를 찾아 비상을 꿈꾼다. 시간이 해결해 줄 것이라 믿는다. 세월을 벌어 채우지 못할 욕망을 내려놓는다.

한바탕 웃음

큰 몸피로 날마다 수북이 쌓인 먼지를 구석구석 쓸고 닦아 살림을 하는 모습이 야무지고 흐뭇하다. 어미의 고달픈 삶을 알기라도 하듯 날마다 빨래와 청소 맛있는 밥, 반찬까지도 맛있게 한다.

만류에도 굳이 하겠다는 큰아들 녀석을 보면 어미로서 이뻐서 든든해서 할 말을 잊는다. 미안하기도 하여 차라리 알아도 모른 척한다. 주부로서 해야 할 일을 전혀 하지 못하는 터라 모른 척하는 편이 낫다.

늘 고맙고 미덥고 든든하다.

추적추적 장맛비로 연일 짜증 나는 일기, 그 솜씨로 곰살맞게 야채샐러드와 맛있는 잔치국수까지, 순간 군침이 돈다. 거기다 고소한 올리브유로 먹음직하게 정구지찌짐까지 해 온 아들, 아빠의 빈자리를 대신 희석하려 애쓰는 뒷모습을 보고 있는데 가슴이 먹먹해 왔다. 방학으로 집에 왔으나 끼니도 스스로 챙겨 먹던 속 깊은 고마운 아들, 한 끼도 제대로 챙겨 주지 못하는 나는 늘 미안했었다. 이해해 주고 공감해 주며 서로 각자 존중과 배려하며 손수 집안일을 해주던 그 아들, 대견하기도 했지만 놀라웠다. 역할 분담이 서로 바뀌어서 아들은 살림을, 엄마는 일선에서 생계를 책임져야 했었던 고난의 시간들이었다.

나는 늘 예쁜 꽃을 만지며 사랑 받는 아녀자로 공주처럼 호사를 누리며 살 줄 알았다. 바람은 아닌데 좀 늦은 나이에 주부라는 말보다는 가장이라는 훈장을 얻었다.

먹고 싶은 것 있어도 손수 해 먹지 못하는 분주한 일상이 늘 싫었다. 아침엔 떠지지 않는 눈꺼풀에 몸은 천근만근 출근길이 곤욕이었다. 저녁에는 늦은 밤 지친 몸으로 집으로 들어

가면 한순간 시체가 된다. 고단한 육신으로 이 몸 누울 수 있는 곳 있는 것만으로도 감사한 일상이다.

두 녀석들은 엄마의 삶을 앎은 조금 이른 나이였다. 온 가정이 풍비박산이 되었던 기막힌 지난날. 내가 활동한 수입으로는 턱없이 부족한 생활비로 근근이 살아냈다.

퓨전음식은 늘 손쉽게 해 먹을 수 있는 간식이지만 허둥대며 자영업을 하는 나는 아무것도 해낼 수 없었다. 잠자리에 들 때는 모든 것을 잊고 잠을 청했다. 가끔 이웃 여인이 샵에 와서 찬 의자에 못 앉는다며 방석을 들고 다니는 우아한 척 공주마마들을 만나면 할 말을 잃었다. 민망하여 딴청 피우며 뒷주머니에 손을 쑤욱 집어넣고 바쁜 척했다. 염장을 질러도 유분수격으로 호강에 초친 소리였다. 굵은 빗줄기가 연신 창을 때린다.

장롱 안이며 서랍장 싱크대, 구석구석 후미진 곳까지 묵은 먼지를 닦고 또 닦아낸다. 냉장고 안에도 엉망으로 된 세간들을 정리해주던 아들 모습을 본 나는 명치끝이 더부룩해졌었다. 집안을 쓸고 또 닦아도 보지만 곳곳을 말끔히 정리하자 비로소 안도할 수 있었다.

온갖 더러운 욕심, 분노, 미움, 음란, 식탐, 게으름 등 내 안의 것들을 이처럼 씻고 닦아 깨끗해질 수 있다면 얼마나 좋을까. 그리하여 어린아이처럼 맑고 투명한 눈으로 반짝이면 좋을 텐데 그럴 수 없음이 유감이다.

연일 폭염으로 꽃과 나무가 짠하다. 밤늦도록 청춘 남녀들도 이토록 지치지는 않겠지.

새벽녘 천둥번개가 치더니 더위가 좀 누그러진 듯하다. 후덥지근하고 소화불량 걸린 마음까지 식혀줬다.

쏟아진 빗줄기로 답답한 체증이 가라앉을 듯하다. 반가운 비. 천둥번개로 피해 입은 농가가 없기를 빌었다. 어느 곳인가에 벼락 치는 소리로 사방이 요란하다. 벼락으로 인해 아무에게도 별일 없기를 빈다. 가뭄의 단비처럼 시원한 빗줄기가 고맙기 이를 데 없다. 더위도 좀 식어 좋다. 비가 오는 궂은 날씨엔 지글지글 정구지찌짐에다 동동주 한 잔이면 한바탕 웃음 지을 수 있을 터 군침이 돈다. 쩐만 들고 나가면 착한 가격으로 입맛대로 먹을 수 있는 음식이나 그래도 오늘처럼 궂은날엔 딱이다. 누구든지 다 뚝딱할 수 있는 부침이어도 사람의 손끝에 따라 맛이 다 다르다.

똑같은 재료일지라도 그 손맛이 다 다르다. 기름을 약간 두른 담백한 부침 생각에 군침이 돈다.

작은 떨림

갓가지 색의 화려한 꽃들과 눈을 맞추며 하루를 연다. 절화와 분화를 만지다 보면 나도 모르게 마음이 예뻐진다.

화려한 색색으로 다가온 꽃, 내가 느끼는 매력은 엄청나다. 경제적인 수익 창출과 더불어 몸은 고단해도 행복한 웃음을 안겨 준다. 나는 작은 미소로 하루를 연다.

들꽃 피어 있는 오솔길을 걷듯이 작은 떨림으로 하

루를 연다.

꽃들과의 만남은 언제나 감동이다. 작은 숲, 둥지에서 안식처 삼아 혼자 씨익 웃는다.

기쁨과 행복, 사랑과 기쁨을 파는 플라워샵(flowershop) 꽃 작업. 미래를 예측을 하는 선견지명이 조금 있어서 참으로 다행인 것이다. 꽃꽂이에 입문하여 꽃 일을 시작한 건 천만다행한 일이다. 앞날을 위해 미리미리 준비를 한 일이기에 후회가 없다. 타 업종의 비해 노동의 대가는 적으나 공으로 먹는 직업은 없다. 한때 연못 속 연잎을 보면서도 한껏 행복해했던 과거가 생각난다. 아무리 예쁘고 좋아도 감동이 연속일 수는 없다. 꽃을 좋아했던 계기가 있었듯이 진정 잘한 일 같다. 아쉬웠던 순간도 행복했던 일들도 꽃처럼 예쁘게 키울 수 있는 일이라면 더없이 좋겠다. 작품 구상이며 좋은 소재 구하고자 그런 일에 연연할 시간조차 없었다. 하루 주어진 시간은 생계수단이므로 여유와 낭만 따위를 잊은 지 오래다. 꽃이 예쁜 만큼 기쁨과 감동과 희열을 주지만 취미로 즐길 때는 마냥 행복하다. 그러나 직업에 뛰어들면 우아함은 사치에 불과하다.

따가운 가을빛에 해바라기의 말간 낯빛이 너무나 사랑스럽다. 꽃잎 떨어진 후의 모습도 그냥 버릴 수 없는 예쁜 꽃. 한쪽 벽에 걸어 두고서 계절마다 다른 종류의 꽃으로 바꿔 가며 즐거움을 느껴보는 재미도 솔솔하다.

작은 샵 안에 온갖 예쁜 모습의 분화들이 아침이면 방실방실 환하게 맞이한다.

힘들 때도 슬플 때에도 함께 내 곁에서 동거동락을 한 꽃님들. 화려한 자태로 목 빼고 날 기다린다. 한여름 그 무더운 뙤약볕에 벼가 익어 가을이 오듯이 뿌리 깊은 나무는 목숨을 걸고 자신을 수련하며 기품 있는 자태로 섰다.

어찌할 수 없는 것이 꽃과 나무의 운명인 것이다.

마음 안의 더러움을 시시때때로 애꿎은 알몸만 씻어 댄다.

애정 결핍인지 스스로 감정 조절이 어려울 때도 많다. 웃고 싶으나 속사람인 나는 근심에 쌓여 좀처럼 얕아지지 않았다.

인정하고 사랑하려면 모든 이들과 함께할 수 있는 인격체를 먼저 갖추어야 할 덕목인 것이다. 판단은 늘 자기 잣대로 하기

십상이지만 어떤 경우건 동기부여는 있기 마련인 것이다. 믿음과 신뢰가 바탕이 되어야 되는 것. 하찮은 것까지 사랑할 수 있는 마음이 생기면 행복해질 수 있으려나.

물질이란 채워도 채워지지 않는 인간의 끝없는 욕망의 불과한 고약한 것. 성공하는 길에 웃음을 저버리지 말며 하는 일에 최선을 다해 미쳐야 가능한 일이다. 획기적으로 철저한 분석이 필요하듯 세상 사는 것이 쉽지 않다.

해가 솟자 천지는 온통 황금빛으로 찬란하다. 선상의 아름다움으로 벅차서 눈물이 핑 돌았다. 몸과 맘 쉬고 싶을 때가 많았다.

한 치 앞도 보이지 않던 희뿌연 안갯길은 어제의 나와 흡사하다. 여기까지 오고 보니 그리운 날들이 많다. 창공에 뜬 저 구름도 잠시 쉬었다 가듯 누구든 다 그러고 싶은 일일 것이다.

어제도 오늘도 꽃들과 노는 것에 이골이 났다. 꽃은 그늘진 내 모습을 웃음 짓게 했다. 꽃들은 우울한 나를 살렸다. 또다시 본연의 나는 친절한 언어와 예쁜 미소로 고객들을 맞는다.

내일은 해가 뜨듯이….

눈물비

오늘도 비가 내린다.

하늘이 무겁더니 잔뜩 흐려 보슬보슬 가을비가 내린다. 낮에는 차도 많고 사람들도 많더니만 어두운 밤에는 다 어느 구멍으로 들어갔는지 조용하다. 인적은 드물고 귀뚜라미 소리만 구슬프게 들린다. 사람 사는 것이 다 그렇고 그렇겠지만, 요즘 들어 흔히 심심찮게 자살했다는 뉴스가 들려온다. 삶이 지치고 고단하여 그 막다른 길을 선택했을까? 삶에 허덕여, 인내가 부족하여, 귀동이로 살았을까? 도무지 이해할 수가 없다.

인간은 삶 자체가 고난이며 슬픔의 연속이 아니던가. 나도 삶에 회의가 느껴질 때면 세상근심 다 내 것처럼 고통스럽게 다가왔었다. 생각이 다른 둘, 부부란 인연으로 살아가는데 어찌 쉬울 수 있으리, 양보와 배려 희생이 반드시 뒤따라야 했다. 우리 시대의 이야기이다. 살기가 괴팍했으나 날개 꺾인 새는 참고 인내를 무던히 했다. 속앓이를 하고 또 삭이며 억눌려 살아야 했으므로 고뇌를 일삼았다. 나를 옥죄던 불통은 깊은 늪 속이었다. 비는 차가운 공기로 스며들지만 허탈한 웃음은 얼굴에 그대로 비친다.

가슴이 아파 흐르는 눈물은 한없이 흥건히 온 마음을 적신다. 비로 인해 구름이 조금씩 걷히면 점점 편안해진다. 가식 없이 우는 눈물은 울어도 울어도 이슬 젖은 들꽃 같아 청초하여 우는 모습도 사랑스럽다.

어제도 오늘도 슬픔을 삼켜 내면을 감추려 애를 써 봤으나 패잔병처럼 수시로 눈물 젖는다. 보는 이들마다 얼굴이 왜 그래? 감기몸살로 아프다고 했다. 가슴으로 흐르던 먹물 같은 눈물이 감춰지지 않았다. 삶의 애달픔을 꾸역꾸역 삼키며 사는 것이 고통이었다. 삶이란 '배', 인생을 항해하면서 순풍에 돛 달고 순조로우면 최고. 무던히도 사람 속을 까맣게 태운 사내와 살며 갈팡질팡 눈물비 잦던 지난날.

간 큰 사내와 스물두 해를 살아냈다. 바르지 못한 흡연과 음주문화로 종종 하얗게 지새우며 차마 말로 다 열거할 수 없다. 숨이 멎을 지경이었다. 인내심은 한계에 다다랐다.

행복한 일도 많았으나 눈물 흘릴 일도 많았다. 하염없이 내리는 궂은비를 감상하다가 지나간 여정을 생각하니 쓸쓸함과 회한이 밀려온다. 뭐든 맘먹으면 겁 없이 다 할 수 있었으나 맘대로 안되던 혈기 왕성한 사내가 그였다.

때로는 청승맞게 구질구질 눈물비를 흘리다가도 언제 그랬냐는 듯 아무렇지 않게 호들갑 떨었다. 어떤 날은 앞이 보이질 않을 만큼 억수비가 쏟아져서 헤아릴 수가 없다. 때론 보슬보슬 보슬비, 어떤 날은 처절한 진눈깨비처럼, 태풍 매미처럼 비바람을 동반하기도 했던 나의 인생 여정 길.

이 차가운 가을비가 그치면 날도 추워지고 눈도 내려 땅은 더 단단하게 언다. 서릿발처럼 푸석한 온갖 것들 자갈밭을 어찌 하면 차진 밭으로 바꿔질 수 있나.

마음은 하얗게 이리저리 부딪친 계곡의 돌처럼 구르고 굴러 동글동글한 바윗돌이 되었다. 둥글어 모나지 못했던 나. 송곳처럼 뾰족한 날카로운 마음, 삐딱한 대문처럼 기울어진 내 마음, 동글동글 둥글고 예쁜 마음도 함께 지배하여 어찌 참아 냈는지 아찔하다. 찌그러진 양은 주전자와 양푼이처럼 그것들이 내 안 가득 차지했던 세월이 흘러 생채기가 다 사라졌다.

소박한 소망은 이름 모를 들꽃처럼 비를 맞고 햇살 받아 주어진 운명대로 살고 싶던 나의 젊은 날. 아직도 나는 그를 사무치게 그리워하는 연정이 있다. 이즈음 살고 보니 주안상 마주하고 정을 나누면서 즐거움을 함께할 수 있다면, 그리워서 그 사람이 생각난다.

5

내 영혼의 창

가을빛

두드렸던 나뭇잎은 알록달록하게 가을 정취가 물씬 난다. 가을빛처럼 물든 고운 축제처럼 내 마음도 능금 같이 빨갛게 익어간다. 어젯밤 퇴근길에 가로등 불빛에 알록달록 오색단풍잎이 더 곱게 빛났다. 동네 공원이 울긋불긋 진한 가을빛 풍경 사진처럼 화려하게 물들었다. 노랗게 익은 은행잎이 깊어가는 계절의 중심에 서 있다. 마음 안까지 산들바람에 가을이 깊다. 선선한 아침엔 시린 바람이 코끝을 스친다. 계절마다 바뀌는 표정과 다채로운 화려한 빛은 정말 곱다.

색동옷으로 갈아입은 고운 색 마음까지 붉게 물들어 옛 추억에 잠기게 하는 감미로운 시간. 소녀 감성으로 낙엽편지를 쓰고 싶어졌다. 나뭇잎이 손짓하는 공원 빈 의자에 앉아 가만히 눈을 감고 침묵으로 온몸, 온 마음 다해 갈바람 부는 벤치에 한참을 머물렀다.

동네 공원의 나무는 하루가 다르게 울긋불긋 계절 옷을 갈아입어 지나가는 행인들의 발길을 붙잡는다. 나도 괜스레 쓸쓸함이 전해졌다. 황금빛 낙엽이 바람에 폴폴 날린다. 은행나무 아래 스치는 바람결은 차고 쓸쓸했다. 골목 어귀에 떨어진 은행잎이 소복이 쌓였다. 저무는 계절 겸허한 아름다움에 눈을 뗄 수가 없었다. 이쪽저쪽 두런두런 사람들의 은밀한 말소리가 공원 안쪽 깊숙한 곳에서 들려온다. 은행잎이 바람에 후드득 떨어져 수북이 쌓여 상념에 젖었다. 곧 소리 없는 시간이 지나면 앙상한 겨울이 찾아오겠지. 차가운 냉기가 코끝을 간질인다. 바람 소리에 귀 기울이자 노란 은행잎 떨어지는 춤사위가 흥미롭다.

늦가을 은행나무 아래 벤치에 앉아 있으면 작은 떨림으로 쌓인 낙엽들 낭만이 춤춘다. 발밑에 깔린 낙엽 위를 사부작사부작 걷는 사색의 시간이 감미롭다. 그마저도 삶이 바빠 태연한 척 해보지만 한없이 쓸쓸하다.

발에 밟힌 은행알이 고약한 향을 뿜는다. 저녁 바람에 낙엽은 비 오듯 후드득후드득 쏟아붓듯 떨어진다. 낙엽비가 비 오듯 후드득 쏟아진다. 묵주를 굴리면서 걷다 보니 어느새 호수공원에 도착했다. 밤은 깊어 가로등 불빛마저 홀로 외롭다. 긴 침묵으로 밤바람을 맞으며 조용한 호수를 끼고 걸었다. 산바람이 차갑게 내 몸 깊숙한 곳으로 그리움 되어 스친다.

어느 가을날 울긋불긋 황홀한 절정을 기억한다. 동네 공원을 혼자 타박타박 걸었지. 가을은 모든 나뭇잎이 다 꽃이 되는 계절이다. 열매 맺기 위해 꽃을 피워 아쉬움 없이 자기를 날려 보낼 줄 아는 봄의 꽃잎처럼, 할 일을 다 한 나뭇잎은 힘없이 우수수 떨어져 자연의 오묘한 진리가 요즘 들어 가슴 한구석이 빼근해 온다. 밤새 잠들지 못한 채로 온몸을 뒤척이는 일이 잦다. 잠들지 못해 피곤이 쌓여 곤경에 빠지게 한다.

그러나 글 한 편 마무리할 때는 기꺼운 희열이 짜릿하다.

세월이 흐르면서 그 느낌이 더욱 또렷하고 간절하여 끄적이는 버릇은 여전하다. 잎이 무성하던 여름이 있었듯이 계절의 변화를 보는 기쁨도 한 해 한 해가 다르다. 숲의 잡초들마저 한여름 햇살로 두꺼워진 풀잎의 수풀 사이 풀냄새도 좋다.

가을의 오묘한 오방색이 신비롭다. 살랑거리며 흔들리는 배롱나무를 보면 요란하지 않으면서 기품 있어 바라보는 나는 시인이 되어 계절을 써 내려간다.

어느 날 집채만 한 짐수레를 끌고 가던 허리 구부정한 노파의 모습은 남의 일 같지 않았다. 할머니는 수레를 세워 꽃집 앞 계단에 털썩 주저앉아 궁시렁거린다. 물어오는 말에 무표정으로 응했다. 마치 내 설움처럼 그렁그렁 눈물이 났다. 저마다 사는 것도 가지가지, 자식 위해 손발이 다 닳고 뼈마디가 부서지게 일생 최선을 다했을 노년의 삶, 석양빛이 서글프게 비쳤다. 우여곡절을 겪어낸 삶의 겨울을 사는 가난한 노인의 모습은 조락의 계절에 서서히 지는 나뭇잎과 다르지 않아 연민이 느껴졌다. 가을이 깊어 빛바랜 나뭇잎은 힘없이 우수수 떨어진다. 나도 모르는 새 서서히 가을이 저물어 가듯 자연이 주는 소소한 감성으로 흠뻑 취하려 한다. 이끼, 고목, 부러진 나뭇가지, 고운 단풍잎, 가을빛은 저물어간다. 골목을 쓸고 다니는 바람결이 몹시 차갑다. 밀려든 상념에 걷다가 낙엽 구르는 공원을 배회하자 찬바람은 그리움 되어 볼을 스친다.

가을이 오면 외로움으로 우울함도 들락거리고 생각만 점점 깊어진다. 시월은 사랑했던 가족들의 기일이 연이어 있는 까닭이기 때문이겠지. 이별의 흔적은 세월 가도 가슴이 그의 냄새를 아직도 잊지 못하고 기억을 한다.

사람들의 옷차림도 색이 짙어 좀 도톰해져 온기가 느껴진다. 깊어 가는 가을 도란도란 귀뚜라미가 목청껏 울어댄다.

나이가 들면서 풍경 하나하나 놓칠세라 가슴에 담아 기억한다. 억새가 석양빛에 은빛 물결로 반짝이며 황홀한 빛으로 내 가슴까지 물들인다.

숲속 바다

청수국이 활짝 핀 꽃길을 걸으며 신바람이 났다. 누가 꽃인지 사진으로 남긴 내 모습, 사진 속의 나는 수국처럼 활짝 웃고 있다. 풋풋하고 싱그러운 풀냄새와 다양한 수국 꽃 색은 지친 스트레스를 다 날려 보낼 듯 여유를 찾았다. 꽃송어리가 예쁜 탐스런 수국처럼 난 환하게 온 세상이 다 내 것인 양 목젖이 보이도록 크게 웃었다. 수국 얼굴에 꽃나비 날아와 춤을 추듯이 생기를 얻었다. 흐린 날씨로 기분이 가라앉았으나 아이처럼 좋아했다. 수국꽃잎을 송이송이 셀 수 없는 꽃송이만큼이나 예쁜 추억을 한가득 담았다.

새벽안개와 이슬을 머금고 초여름에 피어난 다양한 수국, 색이 선명하며 갖가지 색으로 많은 이들로부터 사랑받는 수국. 골짜기 가득 만발하여 사랄라 예쁜 모습으로 시간을 즐겼다. 수국을 가만히 보기만 해도 함박웃음이 꽃처럼 핀다. 꽃 색도 보라, 분홍, 자주, 파랑, 하양, 빨강, 청색 등 가지가지 다양하다. 꽃잎 모양도 다양하게 몽실몽실 탐스럽다. 수국의 꽃말은 진심, 변덕, 처녀의 꿈 등이다.

평소 샵에서도 수국만 보면 어쩔 줄 모르고 좋아한다. 경남 고성에 위치한 꿈과 향기로 가득한 '만화방초' 농원을 해마다 또 와야겠다며 혼잣말을 했다. 분홍, 보라, 그야말로 숲속의 바다이며 그중 파란 수국이 색깔도 예쁘고 으뜸으로 탐스럽다. 수국 명소로 인기가 최고다. 떨어지지 않는 발길, 아쉬움을 뒤로한 채 떠 나와야 했다. 즐겁게 구경하고 떠나려니 아쉬움에 발걸음이 떨어지지 않았다

산수국은 겉에 핀 것은 헛꽃이라고 한다. 차수국은 따뜻한 봄

이 되면 쑥쑥 자라 5월부터 피기 시작하여 꽃이 다른 꽃보다 수명이 꽤 길다. 마당이나 담 밑에 심어도 귀한 몸값을 하는 품종이다. 마침 아들이 사 온 수국차 티백을 따끈하게 우려내자 찻물이 노랗고 예쁘다. 우려진 차를 한 모금 하자 맛이 달짝지근하며 입안 가득 향이 오래 머물러 오묘한 여운이 남았다.

편백숲 오르막길을 조금 올라가면 매표소가 나온다. 입구에 만화방초(萬花芳草)라는 현판이 아주 크게 환영한다. 온갖 만 가지의 꽃과 향기로운 풀이라는 의미 있는 농원이란 현판이다. 1997년부터 민간인이 개간한 농원에 수국을 심기 시작하여 이처럼 아름답게 잘 가꿔 놓은 소문난 수국 명소였다. 어마하게 큰 대형현판 작품이 먼저 방문객을 환영한다.

30년 넘게 가꿔온 민간정원을 일반인에게 개방한 아름다운 숲속 정원. 입장료는 아이, 어른도 저렴하여 부담이 없었다. 방문객들을 위한 주인의 따뜻한 배려가 느껴졌다. 다녀온 지 벌써 3년이 됐다.

한여름 뙤약볕 아래서 큰 함박웃음으로 우릴 반겨주던 기품있는 자태, 숲 그늘에 앉아 소담스레 핀 보랏빛 수국은 존재감을 드러낸 듯 몽글몽글 신비한 보라 수국이 가슴을 뛰게 했다. 보랏빛 수국은 사진으로만 봤으나 정녕 가까이에서 보라색 꽃을 보니 감동이었다. 경치 좋은 곳곳에 고풍스런 오두막으로 된 원두막이 있어 인증샷 찍을 수 있도록 의자가 놓여 있어 좋았다. 희귀한 꽃 알륨, 재팬 아리리스 등등 사진을 예쁘게 찍을 수 있도록 준비해 놓은 배려가 엿보였다. 경치도 좋고 바람까지 솔솔 불어 기분이 더 좋았다. 돌다리를 건너가면 푸른 수국이 있고 연못에는 수련이 하얗게 웃고 있다. 그곳에는 닭과 칠면조 토끼 한 마리와 흰 강아지도 함께 정겹게 살고 있다.

수국이 필 때면 일상을 벗어나 근심 걱정 잠시 내려놓고 향기로운 숲길을 걸어 쉼을 즐기고 싶다. 여유롭게 또 이런 시간이 주어지길 바라본다.

사철 아름다운 꽃과 울창한 나목들로 둘러싸인 골짜기. 꽃향기, 풀냄새, 흙냄새로 행복하였다. 가족, 연인, 친구들과 함께 산책한다면 더 좋겠지. 사색하기 좋은 숲속 바닷속으로 빠져들었다. 만화방초 농원을 찾아 행운이 깃들 것 같은 예감이다.

수국에 둘러싸인 사진 속 나의 동글동글한 웃음은 수국을 닮았다. 훗날 꽃잎을 따 말려서 수국차를 직접 해 먹을 날 있으려나? 신품종 베고니아 같은 예쁜 꽃을 피우는 아름다운 차 수국.

꽃이 예쁘고 오래가기도 한 그 아이, 40일 정도 피어 지속되는 꽃. 6~7월에 만개하여 6월 말이 최고로 예쁜 듯하다. 흉하게 다 시들어 가지치기를 해 줘야 할 때다. 수국차는 필로둘신이라는 물질로 다이어트뿐만 아니라 당뇨병에도 좋은 물질이라 한다. 새잎을 따 시들고 발효시켜 깔끔한 단맛이 나는 수국차는 마실수록 입안 가득 향기로 머문다.

수국꽃 분명 엊그제까지도 피어 있었는데….

*만화방초: 경남 고성군 거류면 은황길 82-91에 위치한 농원.

위기의 삶

가면으로 가려진 인격을 벗고서야 비로소 거듭나고자 몸부림친다. 갖가지 고뇌로 벼랑 끝에 서서 무엇을 욕심 낼 것이며 목울대 세워 대적하고픈 에너지조차 고갈된 자신이 싫다.

존재의 가치조차도 잃어버린 채, 빈 마음이 아니고서야 어찌 내가 웃을 수 있으랴. 신변의 자잘한 일들일랑 긍정으로 받아들였기에 나 여기 머무른다. 인간의 본능과 욕구을 채우고자 갖은 몸부림을 쳐 봐야 어쩔 수 없는 것 같았다. 생각의 틀을 깨고 새로운 도전을 하기는 쉽지 않았다.

자의든 타의든 간에 구설수에 오르내린다는 사실은 고통이다.

때로는 삶의 멍에가 너무 무거워 아우성을 쳐 봤지만 부메랑이 되어 뒤통수를 얻어맞기도 한다. 내팽개치고 싶을 때가 왜 없었으랴. 소리 지르며 절규도 해 봤지만 귀 기울여 줄 이는 없다. 절규하는 여인의 고민을 해결해 줄 이가 만무하다는 것을, 가면을 쓰고 사는 거 같아 모호했다.

떨림을 억누르고 홀로서기 한 절름발이 인생은 일탈과 흔들림의 연속이었다. 덜컹거리는 인생길, 시행착오와 위기는 내 삶의 전환점이 되었다.

이 나이 되고 보니 많이 성숙해져 현실을 직시하는 안목이 생긴 듯하다. 처지가 비참할 때도 있었으나 그때마다 따듯한 이웃 덕분에 여기까지 다다랐다.

내 사는 세상 사람들, 혈육, 인연이란 관계를 뒤돌아보았다. 다툼과 분노 덧씌워진 더께로부터 탈피하여 초월해야 내가 살 수 있다는 진리를 깨달았다. 잊기 위해 쓰라린 몸부림으로 눈물을 닦았다. 범상치 않은 온갖 일들로 기습적인 폭우와 태풍이 지나가고 고요가 머문다. 혼자 익숙해져 찾아오는 이 없어도 기쁨으로 산다.

성정이 독하지 못한 나는 가정과 가족이라는 굴레는 너무 소중하여 내 인생 전부였다. 어느 날 망망대해 외딴섬에 홀로 머물던 고립의 처지는 그 자체로 외로운 슬픔이다. 그 일들이 아무 일 없었다는 듯 세월이 이만큼 겅중겅중 지났다. 끼를 맘껏 발산하던 때, 누군가 질투를 했는지? 어느 날 처절한 처지가 되어 신음으로 절규하던 비운의 그는 바로 나였다.

봄비를 맞으며 바람에 떠밀려 운전대를 잡고 어디론가 나섰다. 하루는 쏜살같으나 나의 하루는 무진장 더뎠다.

어느새 환갑이 넘어 인생무상(人生無常) 모든 것이 덧없다. 어미는 여전히 무겁다. 봄이 훌쩍 가 버렸다.

낮달이 떠 있는 푸른 봄. 봄바람에 이끌려 어디든 떠나고픈 심정이다. 살랑이는 봄바람을 이고, 콧바람도 쐬고 고급스런 근사한 밥집에서 먹을 식사는 숙제로 남겨두었다.

세상은 진흙탕처럼 혼탁하여 점점 악들이 우글거린다. 아이러니하게 추악해지는 흐름, 혼탁해지는 세상이 무섭고 싫다. 무념으로 자신을 위해 산다지만 여전히 아쉽다.

탐욕이 넘치든 말든 보는 시선이 나와 무슨 상관이랴.

서로가 서로를 짓밟고 올라야 성공하는 사회적 구조, 목숨 걸고 올라서려 기를 쓴다. 남을 해치지 않고 짓밟지 않고서는 오를 수 없는 사회적 구조는 경쟁 분노로 일삼는다.

실패와 몰락도 생을 살아가는 엄청난 수업료라 생각하면 덜 억울할 터. 갈무리하듯 욕심을 버리고 순리대로 살 일이다.

다도해의 물빛

주말이면 섬 여행 떠날 채비를 하느라 감정이 요동친다. 체력이 저하되면 수액으로 기력을 보충해 온전치 못한 몸으로 출발하기도 전 행복해진다.

대항마을, 당금마을 그곳은 바다가 앞마당이자 삶의 터전인 곳이다. 하늘도 바다도 온통 파랗게 맑고 푸르다. 도보 여행의 명소로 아주 적합한 섬마을, 생각만 해도 가슴이 뛴다. 일행은 당금마을에서 출발해 멋진 산책로로 걷는다. 삶의 감옥에서 탈출하여 뚜벅뚜벅 자유를 만끽하여 맘껏 날고 싶었다. 성인 남자 보폭으로 약 2시간 소요되는 코스라지만 섬이 가파르고 환자 체력으로는 힘든 도보. 사방으로 탁 트인 바다는 맑고 깊은 한려수도, 눈부신 통영의 멋진 비경은 감동이며 물빛은 푸르고 시리도록 빛났다. 아름다운 통영, 가도 가도 여운이 남는다. 헉헉거리며 걷다가 지치면 멈춰 서서 보자 마음마저 압도했다. 하늘빛도 푸르고 바다도 사방 푸르고 온통 투명한 블루가 사금파리 뿌려놓은 듯 반짝거렸다. 온 마음을 빼앗은 비경에 저절로 감탄이다. 부두에 정박해 둔 고깃배들도 낮게 밀려오는 파도에 일렁거린다. 부산했던 마음은 따뜻하게 녹아 기대에 부응했다.

오솔길 따라 섬 한 바퀴 가파른 산을 오르락내리락 걸었다. 물빛이 맑아 바닷속 몽돌이 몽글몽글 선명하게 빤하게 보인다. 양말을 벗어 투명한 바닷물에 발을 담그자 투명함 그 자체다. 가파른 산자락이 섬사람들을 포근히 감싸 안은 듯 평화롭다. 초록이 짙어가는 그즈음 예쁜 마을은 엄마 품처럼 아늑했다. 기다려왔던 매물도 섬 여정, 땀은 삐질삐질 흐르고 헉헉대며 따라나선 섬 산행길. 섬의 정취를 물씬 느끼며 바람과 햇살이 준 호사를 맘껏 누렸다. 찰싹거리는 파도에 바다 내음으로 가슴이 뜨거웠다. 줄줄이 정박해 둔 어선도 한가롭다. 한 폭의 수채화 같다.

어머니의 품을 닮은 섬 '매물도'. 소문 그대로 탐방로는 어머니의 품속처럼 온화함을 지녔다. 작은 어촌마을 매물도 하품길이라는 곳이다. 산길을 오르다 거친 숨을 내뱉었다. 뒤돌아서면 수려한 수평선 절경이 뒤따라와 지친 피로를 확 날렸다. 가쁜 숨을 헐떡이며 한 모금 물로 목을 축였다. 가파른 계단을 오르다 뒤돌아보면 끝없이 파랗게 펼쳐지는 넉넉한 바다. 탁 트인 경관에 맑고 깊은 푸른빛은 환상이었다. 온 마음 가득히 선물을 받은 듯 풍요로웠다. 기암괴석과 절벽 장군봉, 우뚝 솟은 곳곳 감탄을 자아냈다. 스멀스멀 수평선은 출렁이며 끝없다.

아름다운 매물도 기다림의 숙원이었다. 여객선 터미널에서 기다리는 동안 부푼 가슴은 콩닥콩닥했다. 통영 8경 중 3경으로 유명한 관광의 섬. 소매물도 바로 옆 소박한 섬사람들이 살아가는 곳이다. 익숙지 않은 낯선 일행들과 조금 뻘쭘하고 어색했으나 바다가 안겨주는 기쁨은 으뜸이었다. 바람을 앞세워 해안을 끼고 천천히 걸었다.

남해의 비경을 가히 한국의 나폴리라 할 만큼 아름다운 통영.

행복은 별거 아니었다. 햇살 쏟아지는 여름바다 물빛만 봐도 낭만적이다.

기상이 좋아 배편은 바람이 없어 무탈했다. 통영에서 배로 약 2시간, 왕복 4시간이 걸리는 먼 거리를 선상 위에서 꿀맛 같은 밥을 먹으며 가던 소소한 즐거움이 최고였다.

주변은 매물도, 소매물도, 등대섬이 있다. 섬이 안겨주던 비경으로 낭만은 어디다 비할 수 없다. 능선이 멋진 숨은 비경을 감상하며 걸어 기쁨이 배가 되었다.

잘 차려진 밥상을 앞에 두고 모락모락 피어나던 우리들의 웃음. 어둑한 여름밤의 행복이 얼굴에 묻어났다. 눈앞에 한 상 차려진 쫄깃한 바다 밥상, 바다를 품은 식감이었다.

시원한 한려수도의 푸른 다도해는 몸과 마음이 아픈 나를 살렸다. 가슴이 벅찬 기쁨으로 허공을 향해 갈매기가 힘찬 날갯짓이다. 하얗게 부서지는 포말을 따라왔다. 아픈 몸은 다 나은 듯한 기분이었다.

때마침 통영 문화마당 광장 길거리 공연하는 무대에 합류를 했다. 리듬에 몸을 실어 흥겹게 실룩거렸다. 일행은 엉덩이를 실룩실룩 볼거리를 제공하자 서 있던 구경꾼들도 우르르 함께 놀았다. 통영 밤바다에 울려 퍼진 낭만의 버스킹, 밤바다의 길거리 공연은 나를 웃게 했다.

행인들이 몰려든 화려한 거리의 밤, 아이처럼 꽃같이 활짝 웃었다. 살아온 날들이 스치면서 행복해서 눈물이 핑 돌았다. 아름다운 풍경이 있는 '섬' 해변으로 가련다.

동피랑 언덕길 아래 북적대던 사람들 온 사방천지가 그림이다. 활어시장엔 파닥거리는 해산물을 사려는 인파로 시끌시끌 북새통이다. 유쾌 상쾌한 다도해의 토요일 밤거리는 현지인들과 관광객들까지 북적거린다.

햇살과 바람과 산과 바다는 봐도 봐도 설렌다. 섬을 여행하는 시간은 나에게 선물이며 치유이자 쉼이다. 바다향이 와락 안기는 느낌은 감동이다. 웃을 일이 없었으나 실컷 웃어 살맛난다. 설렘 가득 낭만을 즐기는 재미 쏠쏠하다.

휴식의 시간 잰걸음으로 걷는다. 매물도의 절경은 가슴을 뛰게 했다.

선착장에 내리자 덩치 큰 흰 개가 겅겅이며 꼬리를 흔들며 다가왔다. 초여름으로 접어들던 6월 산빛도 물빛도 푸르러 섬 여행의 진 묘미를 맛보았다. 섬과 바다 자연의 숨소리를 오래오래 추억해야겠다.

인연의 끈

봄 하늘이 파랗다. 때 묻지 않은 산과 들 온통 파릇한 봄. 밤에 비가 내려 봄빛이 한층 더 싱그럽다.

일체의 상념을 떠나 마음은 다 비워진 듯 담담해지고 또 견고해졌다.

불교에서 말하는 무념무상(無念無想)으로 살 수 있다면 무슨 걱정이랴. 모든 괴로움과 욕심 등 고통에서 벗어나 득도에 이를 수 있겠지. 자신을 잊는 무아(無我)의 경지에 이르러 생각에서 벗어날 수 있는 법한 나이이기도 하다. 망상과 애착을 넘어 지극한 경지에 이를 법도 한데 세상살이가 만만치 않다. 삶이 바빠 생각할 틈조차 없이 하루하루가 바람 같다. 그야말로 말없이 무념(無念)이라고 해야 되겠지.

이 지경에 이르고 보니 아무것에도 얽매이지 않고 번뇌의 늪에서 자유롭게 저 하늘을 훨훨 날고 싶은 심정이다.

골똘한 생각에 침잠하여 마치 갯벌 같은 깊은 번뇌의 늪에서 허우적인다 해도, 담담하게 인정해야 한다. 호들갑 떨지 않고 초연히 그렇게 대처하고자 한다. 그렇다고 본질을 벗어날 수는 없는 일이다.

창 너머 아득한 먼 산을 바라보면 생각이 많아진다. 생각이 생각을 물고 이어지고 번뇌와 고민이 없어질 수가 없다. 세상은 온통 희로애락 그 가운데 고통의 바다였다.

내가 바라보는 세상은 갖가지 언어와 거짓 뉴스들로 판을 치며 서로 헐뜯고 깔아뭉갠다. 무시무시하게 점점 험악해져 가는 언어들 거르지 않고 내뱉은 말이 춤을 춘다. 세상은 악이 난무한다. 모두들 생각의 굴레를 벗어나지 못하고 점점 자기 생각의 감옥에 갇혀 사는 것 같다. 얽히고설킨 복잡한 것을 스스로 얽어매지 말고 집착을 내려놓아 자유롭고 편안하여 무념에 이르게 되지 않을런지?

관계와 관계에서 비롯된 무수한 인연 그중에 가장 가깝고도 먼 혈연. 피하기도 어렵고 단절도 어려운 게 혈연과 인연이란 끈, 그렇고 그런 관계로 가장 가깝고도 먼 곳이 혈연인 것이었다. 묶이거나 연연하거나 개의치 않으려 해도 끊을 수 없는 인연의 끈. 끈 때문에 힘들어하지 않으나 먼발치에서 풍문으로 들어 바라만 봐야 할 때는 창자가 뒤꼬인다. 차별과 불공평 불편한 고민은 살아온 내내 지워지지 않는 멍자국이다.

이제 와서 시시비비를 따질 순 없으나 평생 나를 괴롭혀 왔다. 자식들을 부(富)의 척도로 편을 나누고 편애하던 사람. 이미 오래전 작고(作故)한 엄마의 기억을 더듬으면 난 웃음이 없어지며 괴롭다. 이런저런 것까지 초월하고 득도에 이르렀다고 생각했는데 온전히 지워지지 않는다. 기도하며 포기와 인내와 수양을 거듭하며 무지 노력했으나 얼마나 골이 깊었는지, 이 나이 먹도록 감정의 찌꺼기가 지워지지 않는 그림자.

나는 타고난 성정(性情)이 온순하여 악다구니로 달려들거나 뜨악 소리를 함부로 내뱉기는 더욱 곤란했다. 숱한 세월을 인내로 지켜보아야 했다.

죽어도 '내 엄마' 같은 '엄마' '아내'로 절대 살지 않으리라.

온 세월을 되뇌며 다짐을 했다. 천박한 어미가 되지 않아야겠다며 실천에 옮겼다. 어느 날 한복 입은 나의 사진에서 엄마를 닮은 모습이 보여 머릿속이 하얘졌다. 다시금 흐트러진 옷매무새 다듬으며 걸음걸이도 또박또박 또다시 마음을 다잡아 가다듬었다.

독한 엄마로 살지 않으리라, 맹세이자 숙원이었다. 하여 아이들을 한 번도 혹독하게 야단을 치거나 혹은 공부하라는 닦달조차 하지 않고 방목하여 자유롭게 키웠다. 토닥토닥 품어 사랑으로 키웠으며 둘 다 한 번도 나를 실망시키지 않았다. 고맙고 듬직한 나의 아가들. 행복이 뭐 별거인가. 서로 보듬어 위로하며 안부를 물어 산다는 것. 얼굴 마주하며 맛있는 밥 한 끼 나누어 먹으며 평범하게 있는 듯 없는 듯 웃음을 잃지 않은 것이 사람 사는 낙이지.

긴긴 겨울 이야기

숲은 봄을 품고 또 한 계절을 꿈꾸고 있다
나만의 파라다이스 나만의 세계
봄은 멀지 않았다

앞만 보고 달려온 길을 멈춰 뒤돌아보자
내가 걸어온 아득했던 길이 보인다
또 다른 골목 풍경도 보인다
투박했으나 따뜻했던 마음
소곤소곤 대지의 속삭임이 들리는 듯하다.

무엇하나 쉽지 않았던 삶
가족이 빙 둘러앉아 맛있게 밥 먹던 시간
단단한 가족의 사랑
그가 곁에 없으나 더없이 고마웠던 사람

끝까지 순애보의 삶
세월이 더 흘러
저 천국에서 만나려나
근심 내려놓고 고요히 잠들고 싶다.

솔밭 언덕길

투명하게 내려앉은 봄볕이 기분 좋게 내 몸 깊숙하게 스며든다. 호수를 끼고 그 호수에 비친 산 그림자가 푸릇한 수채화처럼 아름답다.

하늘의 구름도 나무도 새들과 함께 놀고 있다. 맑은 호수엔 푸른 하늘이 비치어 물빛도 푸르다. 봄의 풍경이 아무렇게 널브러져 있어도 예쁘다. 산천은 생기발랄하게 싱그러웠다. 차창 밖으로 아지랑이도 피어 나풀대는 초록이 넘실거린다.

소나무 숲속 오솔길을 따라 언덕길로 올라갔다. 햇살 따라 올라간 그곳 소나무 그늘 아래 봄의 취나물이 선명하게 무더기로 있었다. 산취도 뜯고 고사리까지 한 줌을 뜯어 검정 봉지 속에 볼록하게 담았다. 솔밭 사이로 스치는 바람결이 좋은 봄날 한낮의 햇살은 아지랑이가 피어 졸음이 왔다. 가슴으로 흙냄새까지 봄을 한 움큼 담았다. 온몸 가득 봄 햇살을 안고 보니 민숭민숭하고 재미없었는데 움트는 새순처럼 상큼하다. 허리를 펴고 이름 없는 무덤 옆에 앉았다. 호젓이 앉아 살갗을 스치는 솔바람 소리를 듣다 보니 상쾌하고 눈부신 햇살이 내 맘을 덥힌다.

지나온 삶의 시간들이 그리워지게 했다. 잊고 살았던 어린 날 뒷동산에 올라 뛰놀았던 동심, 그때 그 기분을 느꼈다. 내 안에 잠자고 있는 어린아이처럼 동심으로 돌아간 듯 외로움이 덜어졌다. 외로운 심연의 밑바닥에서 해방된 듯했다. 산취, 엄나무 새순, 가죽나물 새순도 광주리에 가득 담았다. 나의 유년은 산과 들이 놀이터이었다. 햇살 한 줌으로 아무것도 부러울 것이 없었다.

산 그림자가 마을로 내려앉은 시간이다. 집으로 돌아와 쌉싸름한 엄나무 잎으로 삼겹살을 구워 입안 가득히 맛있는 봄을 먹었다. 정서가 메말라 버렸는지 겨우 내 몸 하나 지탱하기도 버거운 사투로 곁이 채워지지 않음은 또 무슨 까닭인지 알다가도 모를 일이다. 모든 것을 다 잃어버린 판도라 상자 같은 삶. 모퉁이 산자락에 앉아 낭만적인 감흥에 도취했다.

별것 아닌 산책길에서 얻은 작은 즐거움으로 평화가 찾아왔다. 행복은 먼 곳에 있는 것이 아니었다. 초록이 물들인 들길 구름 한 점 없는 하늘빛에 내 마음을 맡기고 서성거렸다. 이름 없는 풀꽃들 싱그러운 들녘 파릇하게 내민 어린 새싹들, 경이롭고 예쁘다.

아침에 해가 뜨면 물안개가 자욱하게 자주 피는 그곳. 우전차는 참새의 입 같다 하여 가슴을 울리는 차. 덖고 비비고 볶고 아홉 번 덖은 차는 온몸을 따스하게 데운 온기로 열감이 느껴진다.

때마침 부슬부슬 내리는 봄비.

비가 오면 바깥 풍경이 더 푸르고 초록이 신선하여 자연의 숨소리가 들리는 듯하다. 사람을 편하게 해 주는 봄비, 재첩으로 부침개 해 먹던 기억들이 비가 오는 날엔 더 생생하다. 긴 추위를 견디고 봄은 성큼성큼 점점 가까이 내 가슴에도 햇살이 번진다. 봄 오는 길목에 작은 내 심장이 더 두근거린다.

조금 더 머물고 싶은 맘에 집으로 돌아오려니 지레 숨이 막혔다.

계절이 교차하는 아련한 봄. 바람 불어 내 맘도 함께 살랑살랑 발걸음이 춤을 춘다. 이 강산 봄소식을 아련한 그리움 담아 편지로 옮겨보자.

눈은 퀭하여 몸이 침몰 직전까지 갔으나 나를 위해 추스렸다. 스스로 따스한 내면의 또 다른 동력을 얻어 흘러가는 시간에 맡겨보기로 했다.

연민 따위는 발상조차 무섭고 싫다. 구석구석 성찰하면서, 정체성을 잃은 것처럼 무겁다. 휘청대는 맘 다잡아 과묵하게 호수를 바라보며 댐 일대를 드라이브 했다. 물빛이 아름답고 산그림자가 호수에 살포시 내려앉았다. 여느 산길과는 다른 봄빛에 천천히 상쾌함을 느껴보았다. 호수가 맑은 댐 일원 잔잔한 물빛, 여기에 머물면 누구라도 시인이 된다. 더 바랄 것 없다. 갈 때마다 그 느낌이 다르며 눈이 호강을 한다.

아름다운 호수의 물빛과 산천은 마음을 고요히 정갈하게 씻었다. 어느 봄날 모든 것은 다 아름답다.

봄바람이 살랑

마음을 간질이는 봄바람은 황홀한 4월의 춘심을 움직였다. 혼자보다야 두셋 어울림이 좋다. 사월의 산과 들은 반짝반짝 연초록으로 눈이 부시다. 집 안 구석구석 먼지가 소복이 쌓였다. 식구들이 도란도란 정겨운 얘기를 하던 때가 있었다. 수시로 추억한다.

바람이 쉬어가는 곳으로 한달음에 갔다. 혼자서 이렇게 저렇게 종종걸음으로 바쁘다 보니 때때로 한숨을 짓는다. 흙먼지가 없는 쾌청한 날씨 덕분에 바깥나들이 즐기기가 좋다. 하늘빛이 더욱 파랗다. 창밖엔 샛노란 봄꽃들이 흐드러지게 피었다.

바람에 분홍빛 꽃잎이 분분히 흩날리며 눈오는 날을 연상케 한다. 스치는 작은 바람결에서도 누군가가 나를 부르는 것 같이 들려왔다. 끈끈한 갯바람이 안겨주던 푸른 꿈, 그 바람은 나를 가고 싶은 곳으로 데려다주었다. 바다 향기 품은 그곳으로 달려가 바다를 한아름 안은 듯한 기쁨이었다.

그 사람이 사무치게 그리우면 더 바닷가를 배회하며 마음을 달랬다. 그곳 해변 작은 포구에서 해 지는 노을이 보고 싶어서였다. 갯가에 가면 나는 위로가 된다.

바닷길이 안겨주는 휴식과 여유로움은 그저 바라만 봐도 평화가 찾아온다. 갯바위에 앉아 무덤덤하게 혼자 씨익 웃는다. 노을 한 자락이 보고 싶어 달려갔다. 답답한 가슴을 식혀 주는 시원한 갯바람, 하루해가 벌써 꼴딱 져 버렸다. 바닷가에 앉아 있으면 왜 그리 눈물이 날까, 왈칵 쏟아내면 속이 좀 후련해진다.

살면서 늘 좋은 벗을 잃은 느낌으로 하루를 연다. 무지와 가난은 나와 아들에게 씻을 수 없는 상처로 남았다. 센바람 부는 들판에 서서 벗이 떠난 빈자리로 늘 그리움이 출렁인다. 새파란 봄은 밝은 멜로디로 귓가를 간지럽혔다. 봄바람이 살랑살랑 긴 머릿결을 간지럽히고 스쳐 지나간다.

사람이 떠난 빈자리엔 예쁜 꽃으로 피우고, 텅 빈 공간에 고요와 그리움이 찾아들면 그 밤은 별 되어 총총히 더 빛난다.

결코 비굴하지 않으려 무던히 애쓴 흔적이 요만큼이다.

무릇 인간은 잠시 세상에 머물다 가는 사람일 뿐 떠난 사람을 잊지 못한 채 문득문득 그리워지는 까닭은 정인지? 그리움인지? 안타까움인지? 그리운 시간들이 숨 쉬고 있는 까닭일 테지.

비 냄새를 머금은 밤바람 까닭이 있어 부는 거겠지….

소금기 머금은 바다를 끼고 혼자 천천히 달렸다. 홀로 무작정 해안을 끼고 달리다 보면 한적하기도 하여 상념에 취한다.

일몰을 바라보면서 차에서 내려 홀로 걷는다.

바람이 손짓하면 또 달려갈 것이다.

비움

선선한 바람 앞세워 계절이 깊어진다. 통통히 살오른 따끈한 바지락 국물이 생각나는 걸 보니 가을이 깊어짐에 따라 거리는 온통 은행나무 노란 물결로 넘실거린다. 가을은 여행을 즐기기에 더할 나위 없는 계절이다. 살랑살랑 생기발랄한 또 하루가 안겨온다.

어젯밤 세찬 비바람으로 창문을 때려 덜컹덜컹거리자 내 심장은 쿵쾅거렸다.

아침에 부스스 눈을 뜨면 살아 있어서 너무 감사하다. 고행의 시간들을 엎치락뒤치락 이렇게 살아 낸 것이 기적인 듯하다.

문학이란 어깨에 기댄 오래된 여인의 가슴. 나에게 문학은 축복이며 살아올 수 있었던 숨구멍이었다. 훌쩍 시간이 흘러 기억의 편린들이 바람에 실려와 울렁거릴 때면 애꿎은 종이에 아픈 속내를 끄적거린다. 삶을 둥글게 둥시런 맘으로 살면 내내 평안하련만, 그렇지 못한 맘 비워 긍정으로 다잡는다.

사람의 입이 음식을 맛보듯, 귀는 그 말을 식별한다고 성서는 말한다. 무엇이 올바른 것인지 가려내기도 하며 없기도 하다.

하늘의 뜻을 난 알 수 없다. 인생이 무엇인지 꽃길인가 싶으면 또 가시밭길을 걷고 있었다. 무엇이 보석이 될지 모르나 아름다운 것 맛있는 것을 보면 생각나는 이가 있다. 나의 백그라운드이자 전부였던 그, 함께여서 행복했던 고마운 사람, 힘겨운 날들을 견디면 웃으면서 지난 이야기 할 날이 올 것이므로 애증으로 또 하루를 마감한다. 나는 참 단순한 성격의 소유자다. 복잡한 것은 가슴에서 밀어낸다. 스스로가 부족함을 알면서도 마음은 늘 넉넉하다. 인생은 고진감래(苦盡甘來)라고 했다. 내 방식이 다 옳은 건 아니지만 적어도 상대를 존중할 줄은 안다. 어떤 지인은 나에게 "그대, 넉넉한가?" 질문을 해 왔다. 글쎄, 그렇기도 아니기도 하여 정의를 내릴 수가 없었다. 삶이 물질적으로 풍요롭지는 못하지만 마음만은 넉넉한 부자다.

수개월 전부터 안팎이 어지러워 죽을 지경이었다.

살아 낸 것이 기적이다. 멍때리며 하루를 마감하고 집에 가면 시체처럼 쓰러진다. 뜻밖의 일로 계획에 없던 이사를 몇 번을 해댔다. 저항할 힘조차 없어 혼미한 상황에 처하자, 이리저리 나뒹굴며 정리 안 된 세간살이가 곧 내 가슴과 머릿속처럼 엉망진창이다. 차마 버리지 못하고 쌓아진 물건, 철 지난 옷, 켜켜이 쌓인 먼지들, 어찌해야 좋을지? 일이 손에 잡히질 않아 혼란의 연속이다. 정리하고 버리고 닦아야 할 일들, 생각만 해도 뒷골이 당긴다.

홀로 어느 날 갑자기 이 세상을 떠난다면 나의 뒷자리가 얼마나 부끄러울지 아찔하다.

가게 작업대며 곳곳을 정리한다지만 뒤돌아서면 또 원점. 집에 들어서면 책, 갖가지 세간들이 뒤죽박죽, 정리를 해도 도무지 오리무중이다. 흩어진 세간들로 하여금 내 안도 어지럽다. 들고 다니는 손가방 속까지 더 어지럽다. 여인들의 가방 안이 다 나처럼 복잡하려나? 부끄럽다.

차 안, 가방 속은 쏟아진 화장품, 스타킹, 지갑, 볼펜, 빗, 메모지 등 어질러진 서랍장까지 생각만 해도 두통이다. 헝클어진 가방 안이 곧 내 마음이요 내 머릿속이다. 버릴 것은 버리고 정리가 잘되면 좋으련만 온통 흙탕물처럼 구정물인 내 마음 같아 한숨이 난다. 옷가지도 착착 개어두면 개운할 터인데 어찌할꼬. 버릴 것 버려 타다닥 마음 안을 청소하고 싶은데 실로 난감하다.

얼마나 더 많은 세월 가야 머릿속이 정리될까? 스쳐간 인연들과 많은 실패와 고뇌의 시간들 해결해야 할 일들로 머리가 지끈거린다. 주위는 온통 꽃으로 둘러싸인 평범한 한 여인의 초라한 일상, 잠잠해지지 않는 파문에 발버둥 쳐 보았으나 또 원점인 처지가 싫다.

꿈꾸던 일은 다 무산되어 허무만 남았다. 세월이 덧없다. 살랑대는 배롱나무는 내 맘 알 것 같이 위로를 건네는 듯하다. 누가 애타는 내 맘 알까?

비우고 채워 최선을 다하자며, 허공을 향해 긴 한숨 토해낸다. 지난날들을 돌이켜 보니 무엇 하나 소중하지 않은 것 없다. 돈을 쫓기보다 자아성취에 치중했던 시간. 방안 가득 켜켜이 쌓인 책을 보면 위로가 된다. 버릴 준비도 덜된 채 그 많던 책은 짐이 되어 짐짝으로 실어다 버렸다. 소중한 자산을 두 아들은 짐짝 취급하듯 버렸다. 심장을 도려내는 듯 지켜봐야 했다. 저항이었으나 잦은 이사로 짐이 돼 버린 세간들. 잘못된 선택의 결과인 걸 왜 모르리. 내 자존감이 짓밟혀진 심정을 자식들은 모를 것이다. 지금껏 지내온 길, 힘이 들어도 비워야 내가 살 수 있을 터 서서히 비우고 채워 처지에 늘 감사뿐이로다. 모든 것은 다 내 탓이로소이다.

봄의 속삭임

툴립, 수선화, 쥴리앙, 긴기아, 서향 등 봄꽃들이 앞다퉈 사랑스럽게 소곤소곤 바글바글 꽃 피운다. 꽃집에서 가장 먼저 봄을 안겨주는 노란색 수선화. 베고니아 등 꽃들이 서로 뽐내며 만발을 했다. 볕이 따뜻해서 서향의 진한 향기가 코끝에 진동이다. 봄은 여인들의 가슴을 설레게 하여 눈도 호강을 한다.

겨우내 움츠렸던 추억의 꽃, 아젤리아 붉은 철쭉을 토분에다 옮겨 꽃피워 볼 요량이다. 메마른 마음 밭에 어떤 꽃을 가꾸어야 될지 고민이다. 꽃샘추위로 심술부린 시린 바람이 가슴팍을 파고든다. 봄의 향연이 펼쳐질 화창한 날. 우리집 꽃들은 서로 봐달라며 아우성이다.

살랑이는 봄바람 불어 친한 지인들과 함께 쑥을 캐러 가고자 한다. 남쪽바다 바람을 타고 초록이 일렁이는 해변으로 돌나물과 쑥을 캐러 갈 날이 멀잖다. 봄바람에 스멀스멀 멀어져 간 내 기억의 꽃을 이젠 잊으려 한다.

아침 출근길 울 넘고 담 너머 우아한 목련꽃이 필 듯 말 듯 주렁주렁 열린 봄은 환상이다. 얄미운 꽃샘추위에 터질 듯한 망울이 오들오들 떨고 있던 모습이 애처롭다. 혹독한 겨울을 지낸 벚나무 가지 끝에도 봄이 살포시 앉았다. 소곤거리는 봄 속삭임이 들려오는 듯했다. 봄의 감성을 즐기며 여유를 가져 살고자 한다.

하루 24시간도 부족한 바쁜 삶 가운데 일상이 온통 꽃에 둘러싸인 날. 샵(shop)을 열면 키 낮은 작은 꽃들이 먼저 눈에 들어온다. 예쁜 천사처럼 고개를 쳐들고 방실방실 웃는다. 또 하루의 행복은 꽃이 되어 안긴다. 울타리의 꽃들은 향기를 내뿜어 심신이 안정된다. 바람 따라 자연의 넓은 품에 안겨 동심으로 돌아갔다.

만물이 움트는 찬란한 봄이 그저 좋다. 좋아하는 만큼 가슴앓이와 잔병치레도 잦다. 봄이 얼마나 잔인한지 더디 오는 것조차 아프다. 봄이면 늘 시난고난 앓는다. 봄에는 수시로 링거액을 맞아야 일을 해낼 수가 있었다. 아득한 아이 적 시절 동생과 같이 홍역을 앓아 한 달 내내 결석을 했던 기억이 머릿속에 선명하다. 대문 앞 가죽나무 새움이 틀 무렵 멍석에 드러누워 봄볕을 쬐던 초등학교 2학년의 기억이 선연하다. 여느 해도 쉽사리 봄을 맞은 적 없다. 면역이 약해서 고약한 고뿔, 몸살감기, 근육통, 유독 더 봄앓이가 심하다.

그러나 지금의 봄은 코로나19 바이러스로 전 세계가 다 앓아 덜 억울하다. 사정없이 비가 쏟아져도 이런 날은 가슴이 후련하다. 봄은 다시 왔건만 겨울 같은 봄. 소비는 꽁꽁 얼어붙어 각박해진 현실이 가슴을 짓누른다. 인종을 불문하고 역병으로 앓고 있으니 참 하루하루가 버거운 사투를 하고 있다. 2020년의 봄은 온 지구 사람들의 아우성이었다. 궂은 봄비까지 잦다. 대지를 촉촉이 적시는 봄비, 우리들의 갈증까지 풀어 줄 수 있을지 의문이다. 가슴의 한을 씻고 더러움을 씻어내 흠뻑 적셔주는 고마운 단비. 땅속 깊이 봄의 속삭임이 나지막이 들려오는 듯하다.

연둣빛이 짙어지면 바야흐로 여름이다. 타는 듯한 여름은 누구나 시련의 계절이다. 시련의 계절일수록 뿌리는 밑으로 내린다. 뿌리가 깊어야 가지도 무성하다.

혼자 살다 보니 가족의 추억이 묻어 있는 옛집이 그립다. 그 후 고독한 현실 속 실로 막막한 세월이었다. 절박했으며 고독한 자신과의 싸움이었다. 꿈이 있었으나 아무것도 이뤄낸 것 없다. 얼마나 더 많은 더께를 쌓아야 알 수 있을지, 시행착오로 실패와 고뇌의 시간들, 오늘도 담담히 온밤을 지새워 시름을 잊고자 한다. 이 봄 사람들의 세 치 혀가 무서워할 말을 잊은 채 더러움을 바람에 실어 멀리멀리 날려 버린다.

내 영혼의 창

엄마의 몸 빌어 이 세상에 나와 온갖 고초 다 겪어 이 나이 되고 보니 허무하기 짝이 없다. 어쩌다가 가까이하기엔 너무 먼 혈육, 이해하지 못하며 늘 티격태격 말을 섞지 않아도 풍문으로 소식이 날아온다. 혼자 애쓴다고 잘 되는 거 아니었다.

혈육이 뭐길래? 난 늘 물음표를 단다.

몸도 마음도 잠에서 덜 깨어 비몽사몽이다. 아내의 목소리가 소음이 될 수도 있었다. 본인이 준 자극의 의미를 모른다면 마음이 불편해져 본능적으로 거부했는지도 모른다. 마음이 통하면 소통과 대화가 통하는 법. 나는 남편에게 굉장히 의존적이었다. 그는 나의 전부이자 든든한 백그라운드였다. 상대의 표정에 예민해진 부정적인 자극은 계속 악영향을 미친다. 그것이 무슨 소용이람.

서로 잘해보자는 칭찬의 말이었으나 듣는 이의 마음에 따라 상처가 되어 옹이가 될 수도 있다. 지나친 스트레스는 큰 위기이며 경고였다. 우울감이 찾아올 때 발길은 언제나 성전으로 향했다. 달려가 눈물바가지로 올리던 기도가 나의 무기였다. 성장기의 아이들에게 기도하던 나의 모습은 양식이 되었던 것이다. 상대를 탓하지 말며 나는 아들들에게 어떤 부모로 기억하는지 궁금하다. 성찰이 먼저였다. 세상에는 좋은 사람도 많으나 나쁜 사람들도 많다. 거짓부렁으로 포장하여 비판을 앞세우는 건 옳지 못하여 부적절하다고 생각한다.

엄마는 어린아이에게 생명이며 세상의 전부이기 때문에 사랑으로 품어 키워야 한다. 세상에 완벽한 사람은 없다. 낙천적인 나도 맘속은 뾰족뾰족했다. 늘 무거운 납덩어리 같은 것을 안고 살아야 했다. 불안한 맘 요동치는 감정까지 헤아리며 서로가 서로에게 힘이 되어 주어야 하는 것이 가족이다.

소박한 바람은 귀는 막고 입은 닫아 단절을 하며 살아도 시간이 지나면 또 상처로 다가왔다. 난감했다. 누구를 만나든지 따뜻한 차 한 모금처럼 마음을 데워 편안히 기대고 싶은 사람이면 좋겠다. 내 영혼의 창가에서 가만히 보고 느껴 영혼의 거울로 잘 비쳐봐야 될 듯하다. 행복한 삶을 갈망하며 소박한 욕심이 나를 웃게 한다. 온유하고 소탈한 웃음 지닌 그런 사람. 분위기를 훈훈하게 할 줄 아는 그런 사람, 유별나지 않고 튀지도 않을 것이며 내 삶을 녹여 쓴 글을 공감하면 더 바랄 것이 없을 것 같다.

삶의 주인공 나

아침에 부스스 눈을 뜨면 다람쥐 쳇바퀴 돌듯 늘 제자리에서 동동거린다. 꿈과 이상은 컸으며 그 부담을 놓았어도 때론 환멸을 느낀다. 마치 욕망이 다 사라진 듯 무표정한 얼굴은 내 삶이 서리 맞은 호박잎처럼 기진맥진하여 허우적거렸다.

세상사 공짜는 없다. 삶에 있어서 이치에 맞지 않아도 인생수험료는 필수불가결하다. 수험료 없는 앎, 공짜란 통하지 않는다. 경험에 의하면 제값을 치러야 비로소 세상이 조금 아는 만큼 보이는 게 인생이었다.

지난한 인생사 그 누구인들 별일이 없겠냐마는 비교적 자유로운 영혼의 소유자인 존재. 또 열린 가풍으로 자유롭게 아들들을 키운 나의 훈육 방식. 수치스런 삶을 사는 것도 아닌데 이 눈치 저 눈치 보며 살아야 하는 내 처지가 싫다. 밤하늘에 총총히 빛나는 저 별들은 내 마음을 알 터.

살아온 내내 나름 행복했었다. 그러나 늘 다른 삶을 동경했다. 때로는 이루지 못한 풋사랑을 그리워도 했다, 이 나이가 되어도 배움에 대한 갈증으로 해소되지 않은 목마름이 있다. 노방초 같은 질곡의 삶을 살아낸 험한 자갈길. 채움과 비움이란 쉽지 않았다.

고된 삶, 물 흐르듯 살면서 힘든 누군가의 든든한 어깨가 돼 주고 싶다. 어떤 언어보다 그에게 가장 큰 힘이 돼 주는 사람이고 싶으나 안타까운 세상이 싫다. 진리는 다 사라져 악들이 득실거리며 판치는 세상이 무섭다. 산전수전 온갖 부조리를 겪은 후 얻은 교훈은 세상사 공짜는 없다는 '진리'이다. 삶에 있어서 이치에 맞지 않아도 인생수험료는 필수불가결했다. 인생수험료 없는 앎이란 공짜는 통하지 않는다, 경험에 비추면 값을 단단히 치러야 비로소 조금씩 보였다.

어려운 지인이 날 부르면 그의 이야기를 들어주고 싶다. 그의 이야기를 내 이야기처럼 다 들어 기댈 어깨가 되어 부르면 가서 고민을 들어 줄 생각이다. 나 이젠 납작 엎드려 겸허히 낮은 자로 머무른다. 때로는 키덜트처럼 다른 것을 동경하며 현실을 잘 극복하여 잊으려 한다.

키덜트나 어덜트 같은 삶을 사는 독특한 감성과 취향을 지닌 사람도 아닌데 때때로 눈물이 난다. 엉뚱하기도 천진하기도 재미까지 추구하다 보니 상상의 궁궐을 헤맸다. 길이 외롭고 멀어 사람을 의지했으나 시행착오였다. 검불 같은 존재로 전락했다. 행복은 구름처럼 흘러갔다. 비록 낮아졌으나 묵향을 피우며 겸손을 지녀 허물없이 향기가 나는 사람으로 살고자 한다. 조선중기 허초희의 천재 여류시인처럼 누가 뭐래도 내 인생은 나의 것. 내 인생의 주인공은 오직 나 하나로 족하다. 콩 나라 팥 나라 이러쿵저러쿵, 휩쓸릴 이유가 없지 않는가? 왜 지인들의 눈치를 봐야 했는지… 이젠 거두련다. 제도에 갇혀 자유롭지 못한 내 영혼. 한참 뒤돌아보니 생채기의 흔적이 역력하여 싫다. 살얼음

판을 걷듯 눈치를 봐야 했다. 너무 불공평하여 내색도 못한 나, 눈칫밥 먹고 체한 답답한 가슴처럼 좌불안석이 괴로웠다. 뒤돌아 보니 바보처럼 회한이 밀려와 침묵으로 탄식했다.

지난날 늘 웃음 넘치던 울타리, 늘 이웃까지 토닥토닥 넉넉했던 때를 상상하자 쓸쓸하다. 행복했던 기억을 더듬으며 맛있는 파전에다 막걸리 잔을 기울이고 싶다. 취기로 새삼 무게가 느껴진다. 어두운 노을빛을 보면 취기에 새삼 무게가 느껴진다.

짙은 어둠에 갈색 그리움이 바람에 일렁인다. 마시는 찻잔 속으로 빗방울이 떨어진다. 가을을 꿈꾸는 감들이 벌써 볼 붉힌 채 속살 내밀어 수줍다. 눅눅하던 마음까지 산들 가을이다. 인생은 화무십일홍이거늘, 누가 뭐래도 내 인생은 나의 것.

바람의 냄새

2022년 12월 1일 초판 인쇄
2022년 12월 5일 초판 발행

지은이 / 손미경

발행인 / 강병욱
발행처 / 도서출판 교음사

03147 서울 종로구 삼일대로 457 수운회관 1308호
Tel (02) 737-7081, 739-7879(Fax)
e-mail : gyoeum@daum.net
등록 / 제2007-000052호

* 잘못된 책은 바꿔 드립니다. 값 13,000원

ISBN 978-89-7814-879-5 03810

전라남도 JeollaNamdo 전라남도 문화재단
이 책은 전라남도, (재)전라남도문화재단의 후원을 받아 발간되었습니다.